TEM DENDÊ, TEM AXÉ

Copyright © 2023
Raul Lody

Todos os direitos reservados
à Pallas Editora e Distribuidora Ltda.

editoras
Cristina Fernandes Warth
Mariana Warth

coordenação editorial e capa
Daniel Viana

assistente editorial
Daniella Riet

revisão
BR75 | Aline Canejo e Clarisse Cintra

apoio à pesquisa e fotos de capa
Jorge Sabino

Este livro segue as novas regras
do Acordo Ortográfico da Língua Portuguesa.

DADOS INTERNACIONAIS DE CATALOGAÇÃO NA PUBLICAÇÃO (CIP)
(CÂMARA BRASILEIRA DO LIVRO, SP, BRASIL)

Lody, Raul

Tem dendê, tem axé : etnografia do dendezeiro / Raul Lody. -- 2. ed. rev. e ampl. -- Rio de Janeiro : Pallas Editora, 2024.

Bibliografia.
ISBN 978-65-5602-124-9

1. África - História 2. Alimentos - Aspectos religiosos 3. Culinária afro-brasileira 4. Culinária - História - Brasil 5. Cultura afro-brasileira I. Título.

24-188612   CDD-641.5981

Índices para catálogo sistemático:
1. Cozinha brasileira : Culinária : História 641.5981
Tábata Alves da Silva - Bibliotecária - CRB-8/9253

Pallas Editora e Distribuidora Ltda.
Rua Frederico de Albuquerque, 56 – Higienópolis
CEP: 21050-840 – Rio de Janeiro – RJ
Tel./fax: 21 2270-0186
www.pallaseditora.com.br | pallas@pallaseditora.com.br

TEM DENDÊ, TEM AXÉ

etnografia do dendezeiro

REVISTO E AMPLIADO

RAUL LODY

A Exu Elepô,
o dono do dendê.

Mãe,
para você, com saudade,
meu eterno reconhecimento.

SUMÁRIO

Prefácio da primeira edição (1992) **9**

Prefácio da nova edição (2024) **13**

Nota do autor **17**

Dendezeiro: um ancestral africano **19**

Dendezeiro: árvore generosa e plural **21**

Exu/dendê **27**

Padê: o dendê e a comunicação **31**

Povo do Santo/Povo do Dendê **43**

Folhas do dendezeiro e suas
intervenções nos espaços **47**

Ferramentas/insígnias **55**

A armadura verde de Ogum **61**

Ifá: os olhos de dendê **67**

Xangô/Epô/Inã **71**

A Prova do Zô **77**

Caboclo não tem dendê **81**

Orixá funfun não tem dendê **85**

Comidas de dendê **89**

Receitas com dendê: na África e no Brasil **107**

Da Nigéria à Bahia: uma etnografia
comparada das comidas com dendê **121**

Emu: o vinho de palma **133**

O som do dendê **137**

Glossário **145**

Referências **163**

PREFÁCIO DA PRIMEIRA EDIÇÃO (1992)

A utilização recente do óleo extraído do dendezeiro na indústria de cosméticos e, principalmente, no desenvolvimento de novos combustíveis tem sido assunto de destaque nos meios de comunicação. No entanto, para além da sua importância no surgimento de novas tecnologias, o dendê há muito desempenha um papel extremamente significativo no processo de formação de nossa cultura. Vindo da África e semeado em solo brasileiro, ele aqui germinou e nos ofereceu generosamente os seus frutos, entre os quais está o trabalho de Raul Lody, que a partir de agora teremos o prazer de saborear.

Originário de diversas regiões do continente africano, o dendê desembarcou na costa do Brasil nos primeiros tempos da colonização. Ele chegou aos nossos portos com o tráfico negreiro e rapidamente expandiu seu cultivo nas regiões litorâneas. Foi um dos produtos fundamentais no comércio estabelecido com a África, tornando-se um bem de consumo difundido entre diversos segmentos da população. Assim, fixou suas raízes em nossa terra, vindo a fazer parte da vida cotidiana de seus habitantes, integrando-se aos seus costumes e participando da construção de seu universo imaginário.

Para falar sobre a importância do dendê na formação da cultura brasileira, não se pode deixar de lembrar de um de seus aspectos mais conhecidos e mais atraentes: seu uso na culinária afro-brasileira. Grande parte de suas iguarias leva consigo o aroma exótico do azeite de dendê, que seduz até os mais exigentes gastrônomos. O acarajé, o caruru, a moqueca e o vatapá são apenas alguns dos pratos mais populares, que trazem ao nosso paladar a deliciosa sensação de degustar uma porção do Brasil com o sabor e o tempero da África. Quando ingerimos os alimentos feitos com o óleo derivado do dendê, estamos também, de alguma maneira, partilhando dos frutos das culturas africanas reinterpretadas em nosso país.

Mas não são apenas os homens que têm o privilégio de se alimentar do dendê. Diversas comidas que o têm como ingrediente, preparadas de acordo com os preceitos de uma culinária mágica, constituem as principais oferendas dedicadas a divindades das religiões afro-brasileiras. Extraído da natureza, esse vegetal é transformado através de procedimentos rituais específicos, sendo utilizado na preparação dos alimentos que se oferecem aos deuses. Ele tem, portanto, uma função fundamental no sistema simbólico com que convivem essas religiões, sendo de particular relevância para aqueles que habitam o mundo do Candomblé.

Mas não são todos os orixás que se relacionam diretamente ao uso do dendê. Alguns deles, conhecidos como orixás funfun, os deuses que se vestem de branco – como é o caso de Oxalá –, não o utilizam em seus rituais. O dendê então se apresenta como um verdadeiro símbolo, que distingue certas divindades, atuando como um elemento que ordena o sistema no qual está inserido. O mundo dos orixás está, dessa forma, dividido entre aqueles que têm e os que não têm vínculos estabelecidos com essa espécie vegetal. A relação de cada um com o dendê é muitas vezes narrada pelos seus mitos e reconstruída durante o transcorrer dos rituais.

Por outro lado, o dendê representa ainda um atributo próprio ao que se afirma como especificamente africano, em meio à complexidade deste universo cultural. O culto aos caboclos, hoje incorporado à maior parte das casas de Candomblé, geralmente não se utiliza, senão eventualmente, dos produtos do dendezeiro. O caboclo faz parte de uma mitologia essencialmente brasileira, expressa pela visão romântica dos indígenas, divinizados como símbolos da nacionalidade. O dendê, representante de uma origem e uma tradição africanas, não deve estar associado a um deus genuinamente brasileiro...

Elemento de extrema significação para as comunidades de adeptos do Candomblé, o dendê tem particular relevância na realização do culto de alguns orixás. Ele está presente de forma marcante na maior parte dos ritos relacionados a Xangô, assim como sua presença é primordial nas representações de Exu. Além de frequentemente relacionado a outros orixás, ele cumpre um papel de grande destaque nos jogos de adivinhação, em que pode vir a constituir-se como instrumento de mediação entre os homens, os deuses e o destino.

O dendezeiro, para todos aqueles que vivem o Candomblé, é antes de tudo uma árvore sagrada. Além do óleo obtido de seus frutos, as suas folhas, a sua palha, as suas taliscas e as suas sementes são utilizadas na confecção da indumentária, das "ferramentas" e insígnias dos orixás, bem como na arquitetura e na decoração das casas de santo, sempre levando consigo um conteúdo repleto de sentido. Em todos os casos lhe são atribuídos significados específicos, fazendo com que ele se constitua como um fator central no sistema de símbolos vivenciados pelo "Povo do Santo", por vezes chamado "Povo do Dendê".

Este mais novo trabalho de Raul Lody, que agora se apresenta, oferece-nos gentilmente a possibilidade de conhecer alguns dos mistérios que envolvem esse vegetal, em todas as suas dimensões. Sua pesquisa tem justamente o mérito de desvendar as relações que se estabelecem entre o dendê e a construção das religiões afro-brasileiras, assim como de demonstrar a sua participação na formação da própria cultura de nosso país. Costuma-se dizer que tudo o que tem dendê tem axé. Se assim o for, podemos afirmar que, sem dúvida alguma, toda a obra de Raul Lody está repleta do cheiro e do sabor do dendê...

**Doutor José Flávio Pessoa de Barros (1943-2011)
antropólogo e professor de pós-graduação
da Uerj, UFF e Ucam**

PREFÁCIO DA NOVA EDIÇÃO (2024)

Caminhar – viajar – pelo litoral sul da Bahia encanta os olhos tanto pela beleza das exuberantes praias quanto pela unicidade da sua vegetação. Da terra, desprendem-se aromas inebriantes como a inconfundível mistura do cravo e da canela. Das imagens fascinantes, impressiona a imponência do dendezeiro. Não à toa, a região é conhecida como Costa do Dendê.

As espécies ali existentes chamam a atenção pela altivez: são esguias e soberanas, derramando cachos imensos que parecem desafiar as leis naturais, cheios de frutos de um amarelo intenso, quase vermelho. Árvores que se apresentam tão bem ambientadas, tão "em casa", que poderiam ser classificadas como nativas, apesar de todo o oceano Atlântico que as separa – ou aproxima? – das suas origens.

O olhar comum vislumbra aqueles frutos como a fonte futura de diversos pratos da gastronomia baiana. Transformados em azeite de dendê, são fundamentais na composição de inúmeros pratos do que se chama de culinária afro-baiana ou culinária do dendê. Pratos conhecidos e reconhecidos no Brasil e mundo afora. Mas há um universo muito maior do que apenas a ligação do dendezeiro com a comida.

Esse é o mundo fascinante que Raul Lody apresenta em *Tem dendê, tem axé: etnografia do dendezeiro*, editado pela primeira vez em 1992 e agora revisto e ampliado. A visão privilegiada de Lody, além de destacar o uso culinário do dendê, mostra um mundo infinitamente mais amplo, repleto de novos significados que até então não eram perceptíveis ao olhar leigo.

Autor de diversos livros, carioca de nascimento, mas cidadão do mundo, Lody tem a capacidade de decodificar, assimilar e transmitir, na linguagem escrita, o universo oral das tradições e rituais das religiões afro que aqui aportaram ou foram reestruturadas. Fonte inequívoca de saberes sobre as raízes culturais brasileiras, estudioso e estudado, pesquisador e pesquisado, o autor realiza nesta obra um importante trabalho de apresentar detalhes do que é o dendezeiro para a vida dos povos de santo no Brasil, em especial na Bahia, no Maranhão, em Pernambuco e no Rio de Janeiro.

Do dendezeiro, utiliza-se quase tudo nos rituais das religiões afro. Além do azeite de dendê – que recebe vários outros nomes –, a árvore se mostra uma fonte de recursos materiais para os terreiros que utilizam folhas e taliscas para a confecção de diversos instrumentos rituais e de ambientação. Além da excelência do dendê na culinária afro-brasileira, ele se presta a outros usos, a exemplo de produtos para a pele e cabelos, lustrar móveis ou fazer vela e sabão; serve ainda para amaciar o couro dos atabaques, ou em cerimônias especiais para sacralizar esses instrumentos (rum, rumpi e lé).

O relacionamento do dendê com os orixás tem seu espaço bem definido entre os que fazem uso dele e os que não o utilizam, como Oxalá, e os caboclos, considerados santos brasileiros e, portanto, sem ligação com o dendê. Do outro lado, está Exu, polêmico, que é considerado o mais ligado ao dendê. Assumido como "dono" dos dendezeiros, ele os utiliza e os protege. A farofa de dendê, presente nos rituais iniciais das cerimônias – públicas ou privadas –, também é conhecida como farofa de Exu. Para Lody, "Exu é o mais dendê de todos os orixás", sem esquecer os outros santos ligados ao azeite, como Xangô, cujo "fogo sagrado vem do dendê" quando se alimenta de acarás.

As descrições detalhadas das possibilidades e a importância dos dendezeiros impressionam. As folhas desfiadas são transformadas em mariô, de forte significado nos terreiros para prover proteção, seja extramuros ou intramuros. Também pode aparecer na indumentária de Ogum. Utilizam-se os talos e as taliscas dos dendezeiros, que, uma vez secos, são material básico para a feitura de ferramentas de santos, como o xaxará, o ixã e o ibiri.

Histórias sobre o universo dos povos de santo esclarecem suas interações, ou não, com o dendê. Relatos de experiências pessoais como a vivida na cidade de Cachoeira (BA), onde Lody teve a oportunidade de testemunhar a "Prova de Zô", quando o vodum Sobô mergulha suas mãos em azeite fervente, enriquecem o imaginário do mundo regido pelas religiões afro.

Oferece ainda uma abordagem mais específica sobre o dendê no uso culinário, seja na mesa cotidiana ou de cunho sagrado, afinal, o dendê alimenta não somente o homem, mas também divindades. Nesse universo comum, Lody faz um apanhado de mais de cinquenta pratos afro-brasileiros com dendê e detalha em cada um deles seus ingredientes, características, usos e histórias relacionadas. Também viaja e apresenta pratos típicos de alguns países africanos.

A gama de informações é reforçada por um glossário de termos originários das línguas africanas que aqui se incorporaram na comunicação dos povos de santo, permitindo aos leigos uma melhor compreensão da cultura afrodescendente.

Após sorver todo esse manancial de conhecimentos, difícil será olhar novamente um dendezeiro apenas como uma árvore de origem africana e aclimatada na costa brasileira. Com certeza haverá um novo comportamento, o de se reverenciá-la como símbolo de grande importância para os povos de santo e, consequentemente, para a cultura brasileira.

Mestre Odilon Braga Castro
professor de Gastronomia da UFBA

NOTA DO AUTOR

Seguindo um roteiro memorialista, organizei este texto sobre o dendezeiro, seus produtos e sua permanência na vida religiosa dos terreiros, especialmente os de Candomblé e Xangô, onde vi, ouvi, provei e comprovei os diferentes usos e funções do azeite, das taliscas, das folhas, dos frutos, das tradições orais, quanto aos deuses, suas preferências e fundamentos, e principalmente à marca quase heráldica do ser africano próximo ora pela visualidade, ora pela cor, pelo cheiro e pelo gosto do dendê.

O texto segue um sentimento que é próprio dos pesquisadores vocacionados com o tema escolhido e, assim, opta pela etnografia participante, ora pisando em terreno sociológico, ora antropológico, ora filosófico, ora gastronômico em bases culturais e patrimoniais. Pois cada momento social marcado pelo dendê tem um significado e sem dúvida fortalece o imaginário de matriz africana, e tudo isto determina permanências das muitas e diferentes "Áfricas" no Brasil.

Tem dendê, tem axé reúne vários temas de uma verdadeira civilização do dendezeiro à mesa e nos costumes do brasileiro, trazendo memórias ancestrais de povos africanos e determinando identidades afrodescendentes.

É um livro para se viver, para se experimentar no que há de sabores e de conhecimento acumulado pelos povos do continente africano. E é também um livro sobre as tradições religiosas africanas na formação do brasileiro.

Raul Lody

DENDEZEIRO: UM ANCESTRAL AFRICANO

A etnobotânica é definida como o conhecimento tradicional das comunidades tradicionais sobre a diversidade vegetal do entorno e como vários povos fazem uso das plantas nativas encontradas em suas localidades, ou seja, como as comunidades de uma determinada região fazem uso das plantas nativas para alimentação, vestuário, arquitetura, e outras atividades domésticas.

A *Elaeis guineensis* (o dendezeiro ou palmeira-de-óleo--africana) é uma planta amplamente utilizada pelos povos tradicionais das áreas de cultivo de dendezeiros, particularmente da África Ocidental. Integra diversos sistemas sociais e simbólicos na formação das identidades de povos e culturas.

Na África, o óleo de palma tem muitos usos tradicionais. O dendezeiro é tão antigo quanto a criação do mundo e do homem. O uso do dendezeiro pelos primeiros humanos é bem conhecido pelos registros arqueológicos. Tais usos datam de pelo menos 4000 anos antes da Era Comum (A.E.C.), e parece que os povos na África Ocidental estavam cultivando ativamente dendezeiros desde 3600-3200 A.E.C.

O uso humano do dendezeiro pode datar de 5000 anos na África Ocidental. No século 19, arqueólogos descobriram óleo de palma em um túmulo em Abidos (Egito) que remonta a 3000 A.E.C. Curiosamente, tanto a *Elaeis guineensis* quanto a *E. oleifera* (palmeira-de-óleo-americana ou caiaué, nativa da América Central e da Amazônia) estão intimamente associadas a assentamentos humanos e civilização.

A *Elaeis guineensis* tem usos medicinais, além de seu valor doméstico, econômico e ambiental. Cada parte do dendezeiro é valiosa para fins sociais e rituais.

O dendê foi usado medicinalmente antes de qualquer registro escrito que sobreviveu aos tempos modernos. O dendê está entre as plantas mais conhecidas por suas propriedades farmacológicas. Curiosamente, vários usos medicinais têm sido atribuídos ao óleo de palma, incluindo todas as partes da planta.

Diagrama 1

DENDEZEIRO: ÁRVORE GENEROSA E PLURAL

Para o mundo cultural afro-brasileiro, o dendê é marca, distintivo e atestação da memória, da ação, da produção, da criação e da recriação de um patrimônio de bases africanas absorvido, e também reinventado, em espaço brasileiro. Digam-se espaços brasileiros, regionalmente peculiares, legando interpretativos momentos da vida cotidiana ou das festas de caráter eminentemente sociorreligioso.

Também para a visualidade, o imaginário e a comunicabilidade do que é **afro**, assume o dendê um signo plástico, imediatamente decodificado em situações de ordem gastronômica, artesanal, tecnológica – que vão do preparo do azeite à feitura de implementos rituais religiosos com o uso de folhas, talos e frutos –, revertendo num aproveitamento integral do dendezeiro.

A própria árvore é de fundo sagrado para os Fon-Yorubás, sendo morada e assento de **Fá** ou **Ifá**, agentes divinos dos vaticínios e da informação entre os planos dos orixás-voduns e dos homens. Aliás, as plantas, no caso o dendezeiro, adquirem respeito e importância na visão dada à natureza por parte das religiões afro-brasileiras que, assim, compreendem e estabelecem o culto aos orixás-voduns.

Esta leitura sobre um elemento da natureza apenas confirma um postulado etnoecológico que congrega outras árvores, animais, rios, lagoas, florestas e montanhas – enfim, a vida social e religiosa está unida numa mesma visão ecossistêmica do homem e dos orixás-voduns. É tradição a fitolatria, dando base ao caráter religioso de modelos africanos, como também fonte de recursos materiais para os terreiros, no caso afro-brasileiros, notadamente o Candomblé, na encarnação do seu estilo baiano, e o Xangô do Recife. A mangueira, a jaqueira, a cajazeira, a pitangueira e a gameleira juntam-se ao dendezeiro para formar o estoque de árvores preservadas e cultuadas no conjunto de outros símbolos naturais indispensáveis às expressões dos orixás-voduns.

Não seria exagero dizer que o dendezeiro assume, para a ética e a ideologia de alguns povos do Ocidente da África, um mesmo significado que o *axis mundi* (eixo do mundo) para outras culturas.

Conhecido na África por diferentes nomes, assume função social e econômica que marca ampla área desse continente, recebendo também no Brasil nomes populares e usuais em polos de concentração como o Recôncavo da Bahia, Rio de Janeiro e Recife: azeite de cheiro, **epô**, óleo, azeite de dendê e óleo de palma.

Quanto ao nome *dendê*, é decorrente de *dendém* (Kimbundu). No Ocidente Africano é chamado de: *ade-koi* e *adersan* na Costa do Marfim; *abobobe* em Gana; *de-yayá*, *de-kla*, *de-ghakun*, *votchi*, *fade* e *kissede* no Benim; *di-bope* e *lissombe* na República dos Camarões; e o já citado *dendém* em Angola.

O fator econômico é decisivo para a entrada e a fixação do dendê no comércio África-Brasil:

Trazido da Costa d'África, espalhou-se pela costa da América, da Bahia para o Norte, dando com exuberância seus fartos cachos negro-caboclos que chegam a um metro de comprimento, a trinta quilos de peso, a oitocentos cocos, às vezes. (PEIXOTO, 1980)

Segundo Édison Carneiro,

Em 1759, na Bahia, Antonio Caldas informava que o comércio frequente do dendê, entre a Costa da Mina e o Brasil, era intenso, provando a falta de dendezeiros que atendessem às necessidades do consumo.

Vilhena afirma que, no ano de 1798, entraram na Bahia mil canadas de azeite de dendê, oriundas da Costa da Mina, e quinhentas canadas da Ilha de São Tomé, perfazendo, aproximadamente, quatro mil litros.

A grande área de produção do dendê da costa africana estende-se de Angola até Gâmbia [...]. (CARNEIRO, 1976)

Ainda sobre o comércio do dendê, informa Édison Carneiro:

O dendê constitui um dos poucos resultados benéficos do comércio negreiro com a África, pois fornece um óleo ou azeite de grande riqueza em provitaminas A. Não o trouxeram os escravos, mas os traficantes. Parece viável a suposição de que os primeiros indivíduos dessa espécie vegetal tenham vindo da Costa da Mina: era *dos melhores* o óleo que se adquiria no porto de Lagos, escoadouro da maior produção mundial – a da atual Nigéria [...]. (CARNEIRO, 1976, grifo do autor)

A forte relação do dendê com a gastronomia foi destaque de um comentário de Luís da Câmara Cascudo, na sua obra de etnoalimentação chamada *História da alimentação no Brasil*:

> Quando o Rio de Janeiro se tornou capital do Brasil (1763) e a população aumentou, exigindo numerosa escravaria para os serviços domésticos, artesanato, plantio de açúcar, algodão, café, nas regiões vizinhas, o azeite de dendê acompanhou o negro, como o arroz do asiático e o doce do árabe [...]. (CASCUDO, 1983)

O fazer do azeite, tradicionalmente, segue tecnologia artesanal e que invoca um trabalho paciente que, por sua vez, convive com modernos processos industriais de fabrico a litro do azeite de dendê, sendo o melhor feito da flor do dendê.

Afrânio Peixoto informa sobre o azeite artesanal e os subprodutos:

> É da casca mole do coco que se extrai o óleo, a poder de batedeira, cafuné, pisador, expressão que separa o bagunço, o *aguchó*, palha residual do fruto, ainda gorda, que se vende para acendalha, de acender fogo, do óleo extraído, que se deixa *dormir*, para decantar, separando o azeite grosso da lama do fundo.
>
> Levado ao fogo para refinar, logo se forma à superfície o *catetê*, espuma que se separa para concentração, pé de azeite que sobe logo e dará, na sua relativa impureza, para acepipe, preparado com sal e pimenta. Vem a vez, à tona, do xoxó, de cor branca amarelada, consistência de manteiga quando resfriada, banha para cabelo... É agora a flor do azeite, o dendê, na sua linda cor tangô, como se diz hoje, cor de urutu ou açafrão carregada, que é encanto da vista... Na expressão a frio, mesmo coado passa e se decanta o *bambá*, resíduo branco ou borra do azeite, que dá a *farofa de bambá*, apetitosa [...]. (PEIXOTO, 1980, grifos do autor)

Outra descrição sobre o processo caseiro de fazer o azeite é a relatada por Édison Carneiro:

> Os rácimos separados pela foice sem gavião são expostos durante quatro dias, no mínimo, ao sol, e mesmo unicamente três dias, se tem frutos bem maduros. Então, toma-se cerca de dois quilos de frutos e se cozinha, em marmita de ferro, e a massa polposa que deles resulta é pisada em um almofariz ou pilão e misturada com água morna. Com a mão separam-se então as fibras do envoltório dos caroços e se deitam fora umas e outras. O óleo que sobrenada é misturado com água morna; deita-se o todo em uma peneira, depois a polpa é posta a ferver em água até que não deixe mais exsudar novo óleo, novamente é passado em peneira e assim seguidamente até que as polpas não contenham mais óleo. O óleo assim separado em diversas vezes é reunido e fervido até a eliminação d'água [...]. (CARNEIRO, 1976)

Em pesquisas realizadas na cidade de Cachoeira, Bahia (1980), fui também informado deste processo, sendo que nas fervuras das águas eram adicionadas folhas de aroeira (*Schinus molle*).

Também a qualidade do azeite de dendê é conhecida quando na garrafa fica uma boa camada de **borra** no fundo, e, no frio, o azeite como um todo se solidifica, devendo ir ao sol para esquentar e assim ser usado. Além da função da culinária, o dendê é bom para a pele, para o cabelo, para lustrar objetos, para amaciar os couros dos atabaques, para fazer vela e sabão, para compor os assentos rituais dos orixás-voduns nos pejis. No entanto, em âmbito afro-brasileiro, é na culinária que o dendê desempenha um dos seus principais papéis.

Basta aparecer o dendê nas comidas para criar categorias como **comida afro**, **comida de azeite**, **comida de**

santo e **comida de orixá**, e aquelas sem o azeite são chamadas **comida de branco**. Também **comida de branco** inclui o que é consumido no dia a dia, embora o acarajé e o abará façam parte do cotidiano de cidades como Salvador, Bahia; acarajés pequenos, do Recife, Pernambuco; e, no Rio de Janeiro, algumas bancas na cidade vendam, entre os doces, acarajés em tamanhos maiores. O dendê é usado em alimentos como caruru, efó, vatapá, moqueca e feijão de azeite, entre tantos outros como momentos especiais e ciclos festivos, dentro e fora dos espaços religiosos dos terreiros.

EXU/DENDÊ

Exu é um dos orixás mais polêmicos – ora diabólico, ora companheiro inseparável dos homens e dos outros orixás –, sendo também o leitor de todos os códigos e conhecedor de todos os idiomas.

Exu encarna um amplo sentido telúrico africano que é igual, padrão, geral e por isso indivisível. Relação não menos indivisível é a do homem africano e o dendê e, por Exu ser não apenas um componente deste homem africano, mas aquele que conseguiu reunir uma história defensiva deste mesmo homem africano, e, assim, um ideal do ser africano no Brasil, é, sem dúvida, um agente do dendê. Exu passa a ser o dendê, como o dendê passa a ser Exu, sem que com isso se limitem o uso ou a função ritual-religiosa do dendê para a exclusividade de Exu, tanto para o seu trato nos assentamentos como nos seus alimentos.

É uma visão fundamentalmente ética e moral a de reunir Exu e o dendê, como ao mesmo tempo o homem africano e o dendê, e ainda a África e o dendê. Isso reforça um conteúdo terra, chão, podendo-se, inclusive, interpretar como pátria, **terra de origem** – África –, como também a fixação dos polos de manifestações africanas no Brasil e processos afro-brasileiros, onde se destacam os terreiros e, aí, como espaços defensivos das tradições, da cultura, das tecnologias, da vida africana transferida à sociedade total pelos instrumentos das religiões.

A diáspora do dendê é igual à diáspora africana, pelo menos em faixa litorânea atlântica no Brasil, nos bolsões de manifestações em que o pensamento, a ação e o testemunho já afro-brasileiro são ao mesmo tempo interpretados pelo ideal religioso que, por tendência e hábito acadêmico, privilegia a vertente Yorubá. Novamente o papel de Exu, que conseguiu reunir um ideário geral africano, se estende com a própria função econômica do azeite de dendê durante o período escravagista.

Ao mesmo tempo que o processo escravagista se amplia com a velocidade do tráfico de mercadorias humanas, Exu vai fortalecendo o seu papel libertário, de figura liberada, de bebedor de vinho de dendê, reafirmando seu caráter viril e guerreiro. Pois beber o vinho de dendê é um indício da força e da condição masculina dinâmica que fazem o **ser funcional** Exu, tanto nos terreiros como na sociedade complexa.

O dendê pode também ser visto como o sangue africano, ou aquele esperma alaranjado que jorra do profícuo e magnífico pênis de Exu – orixá essencialmente afeto à fertilidade e ao movimento –, movimento das coisas da natureza e das relações homem-natureza.

Os feitos de Exu são contados, revelados e propalados pelos quatro cantos do mundo, como: ele pode carregar o óleo (dendê) numa peneira, sem que se derrame o líquido. É também dono dos dendezeiros, cuja abundância dos cachos e das centenas de cocos que vicejam em cada coqueiro adulto resulta da ação fértil e benfazeja de Exu, também um orixá fitolátrico.

Embora os ferros, as esculturas em argila, os búzios, os bastões em madeira, as forquilhas antropomorfas, as cabacinhas, os panos vermelhos, outros pretos, as pimentas representem Exu, somente o dendê e o próprio dendezeiro terão suficiência de revelar e distinguir o orixá e suas funções nos planos dos outros orixás e dos homens.

Exu é sem dúvida um dos orixás mais negros, o mais marginal, mais amoral, mais temido, mais querido, mais necessário, imprescindível ao início de qualquer cerimônia nos terreiros.

Exu é africano, é **santo africano**, o que marca um lado de **meio escravo** para o olhar dominador colonial e que lhe auferiu uma relação imediata com o Diabo dos católicos. Esta relação confirma o temor do colono diante da oposição cultural africana, cujo personagem fundamental é Exu e tudo que gira em torno dele.

Contudo, a reprodução de um sistema em bases de um escravagismo, que proliferou inclusive internegros, influiu decisivamente no poder divino dos orixás, passando Exu a comportar atribuições de escravo dos orixás. Cada orixá tem o seu Exu, ou, na linguagem vigente do **Povo do Santo**, tem o seu **escravo**. O escravo particular é uma espécie de faz-tudo, embora seja visível uma ascendência ideológica de Exu, para o sistema mitológico dos orixás. O caráter germinal e profícuo de Exu é que garante a ação específica de cada orixá e, com isso, a harmonia da natureza e as intervenções do homem nesta mesma natureza.

A figura arquetípica de Exu é a de um homem negro, forte, viril, talvez mais diabólico que o próprio Diabo, nesta leitura exógena que a Igreja auferiu ao **dínamo do axé**, ao orixá inaugurador por excelência. Por isso, está introjetada na figura de Exu uma carga histórica de preconceitos sobre o homem africano/negro e suas heranças culturais, e aí se ressaltam o elenco e a abrangência de tudo que provém da África, destacando-se o dendê enquanto um dos símbolos culturais mais marcantes e de imediata decodificação com o que é africano.

A reprodução, por empréstimo, do sistema escravagista é passada na relação mitológica que vincula Exu como o escravo dos outros orixás. Na verdade, Exu é o mais ativo e audaz agente libertador da história e da cultura geral do homem africano no Brasil.

Esse fenômeno retifica o crescente distanciamento do dendê, como se com isto se isolasse uma visão, quase estigma de escravidão, de relação com o papel do **homem negro**, numa história de dominação. Assim, aumenta nos rituais religiosos um **desejo nivelador**, por parte dos adeptos, de substituir o dendê pelo azeite doce, em expressão usual: **meu santo não tem dendê** ou o **meu santo não leva dendê**. Tudo isto porque é indivisível o dendê da história africana nas suas interpretações gerais, como também de Exu – o principal agente do dendê –, e, assim, a vida social e cultural do africano, das suas heranças na formulação do patrimônio afro-brasileiro, é definitivamente fundida na trama da sociedade nacional.

Se, por um lado, cria-se uma categoria que procura **limpar-se do dendê**, outra busca no dendê, e em tudo que ele encarna de fundamentos sociológicos e antropológicos, uma autenticação do que é africano, encontrando na figura de Exu um verdadeiro herói, libertador essencialmente negro e com isso comprometido com a história e a vida africana. Um verdadeiro orgulho africano via dendê.

Duas categorias distintas polarizam o uso do dendê como formas de oposição e de aproximação a um modelo geral do que é africano.

Sem dúvida, comer dendê é comer o que significa o dendê, maneira mitoendógena de comer e alcançar os ancestrais – e neles Exu, o mais dendê de todos.

PADÊ:
O DENDÊ E A
COMUNICAÇÃO

Padê é o grande encontro. A palavra Yorubá significa: encontrar com, reunião, vir junto, entre outros sentidos.

A promoção desse grande encontro se dá com Exu, o grande articulador, o comunicador por excelência. Exu recebe outros títulos que vêm dos diferentes modelos etnoculturais africanos, como Elegbara, Legbara, Legba, mantendo significados e funções comuns.

Quem promove e aciona o padê, o encontro, é o homem, enquanto indivíduo e enquanto representante hierarquizado de um grupo, de uma sociedade, de um terreiro, por exemplo.

Acionar o padê por cânticos, danças, orikis, saudações e principalmente pela comida é garantir o ato inaugurador, um começo consagrado de comunicação com Exu e, consequentemente, com os outros deuses e ancestrais.

O dendê, no conjunto de ingredientes e de implementos usuais na feitura do padê, assume um papel importantíssimo. É verdadeiro sinal diacrítico do imaginário afro, seja de um ideário africano, de uma África reinventada, seja por um caráter emblemático – cor, odor, textura e combinações com outros materiais, o que resulta num apelo visual fortemente afro-brasileiro.

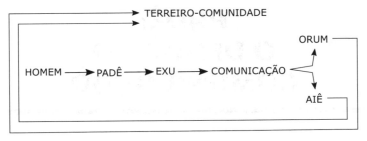

Diagrama 2

A farofa caracteriza e fundamenta o padê. O processo construtivo da farofa, o fazer a farofa, implica a reunião material e simbólica de diferentes ingredientes, como: farinha – raiz de mandioca moída e torrada; azeite de dendê – extração do azeite dos frutos do dendezeiro; água – elemento mineral básico (na maioria dos rituais religiosos); e temperos diversos: sal, pimenta-verde e/ou seca; atendendo às intenções e ao tipo de ação desejada com a farofa, entre outros preparados, como pembas, por exemplo.

Genericamente conhecida como farofa de dendê, farofa amarela, farofa vermelha, miã-miã, farofa de Exu ou, ainda, recebendo o nome da cerimônia, padê, entre outros, a farofa identifica, ou melhor, dá identidade visual ao próprio padê.

É o fazer manualmente a farofa, a manipulação desses ingredientes, o momento cerimonial do fazer, inclusive publicamente no barracão, quando da cerimônia do padê de cuia – padê complexo e fundamental no Candomblé Nagô e variantes, já incluído em outras Nações.

A mão que faz a comida ritual é a mesma que entrega a comida e aciona a comunicação com Exu na rua, próximo a uma árvore especial, geralmente uma gameleira (*Ficus doliaria* – morácea) dentro da roça ou próximo dessa. Aí, o pé de Roco, o Iroco, ou Loko para os Jejes, árvore sagrada, integra-se ao amplo processo do padê.

Diagrama 3

Sem dúvida, a grande realização do **ebo etutu** – o sacrifício propiciatório – é o processo construtivo do padê, em que cada ingrediente, a reunião de ingredientes e quantificações assumem significados próprios, determinando a conversa pela comida, pelas relações entre homem, Exu e deuses.

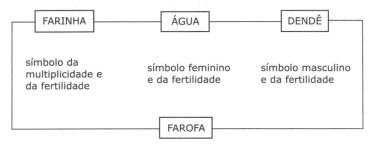

Processo construtivo do padê – 1

A conversa pela comida é iniciada. Laroiê! É também o padê uma oportunidade de interagir diretamente na natureza, nas histórias de deuses patronos, nas particularidades de cada terreiro, de cada família, no poder religioso e social. Assim, o padê funciona na intermediação simbólica dos diferentes ingredientes que, manipulados ritualmente, buscam garantir o início de uma obrigação, de uma festa, de uma iniciação, de rituais fúnebres, de qualquer processo que implique a liturgia convencional do Candomblé.

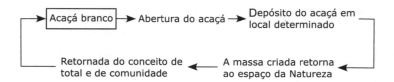

Processo construtivo do padê – 2

O uso exclusivo da água, um dos elementos mais significativos e propiciadores dos terreiros, é capaz de intermediar e promover o encontro entre Exu, os antepassados e os deuses.

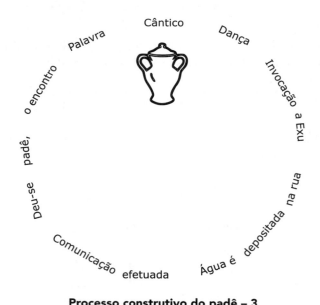

Processo construtivo do padê – 3

Embora praticado convencionalmente nos Candomblés seguidores do modelo etnocultural Nação Ketu, ou ainda genericamente os seguidores do Nagô, Yorubá, o padê é prática obrigatória nos demais terreiros de outras Nações, como também no Xangô do Nordeste e no Batuque do sul do país.

O padê de cuia, o mais elaborado, sofisticado, complexo e dito como o completo em oferecimentos e em rituais religiosos, é prerrogativa do âmbito Jeje-Nagô, em que é realizado em toda a sua intensidade de canto, música e dança no barracão.

O padê é uma prática que incorporou a ética do Candomblé em geral. Todos devem realizar a cerimônia genericamente chamada de despachar Exu, pô-lo na rua para assim proporcionar o bom desempenho das obrigações, festas, entre outros. Ainda chama-se Exu para proteger, guardar as entradas dos terreiros, dos templos, dos muitos santuários. Exu e o sagrado são combinações inseparáveis, funcionando na intimidade de cada ato litúrgico do terreiro e principalmente na intermediação e na comunicação entre os deuses, os ancestrais e os homens. Exu, na sua visão e função de **Agbo**, senhor dos carregos, transportando as oferendas do padê aos seus locais consagrados na roça ou na rua, nos espaços extramuros, em outras dimensões do sagrado-público, reitera seu papel de comunicador por excelência. Nos terreiros, como na sociedade complexa, flui um sentimento ético de sagrado para os que seguem, conhecem e participam do Candomblé e de outras religiões nesse âmbito afro-brasileiro.

Retomo o padê de cuia como uma cerimônia fundamental à vida religiosa do Candomblé em todos os seus momentos sociais.

A cabaça, cuia, significa, em cada ato cerimonial do padê, os princípios da vida, da fertilidade, da ancestralidade, quando também as duas partes da cabaça, meias-cabaças, representam o **orum** e o **aiê**, rememorizado tudo que tem no orum e no aiê – elementos dos homens e dos deuses. Esses significados são mantidos quando na cerimônia se utiliza uma única meia-cabaça, ou simplesmente cuia, recipiente.

O sentido simbólico e funcional da cabaça, ou melhor, da comumente chamada cuia, retoma um imaginário fluente e de fortes referências com as histórias da gênese, da criação do mundo, da ocupação do mundo pelo homem através das mãos criadoras dos deuses.

> A cabaça imemorialmente representa a barriga – o útero – a sexualidade feminina e o todo emanente desta simbolização –, marcando desenho volumoso, sempre lembrando um estado de gravidez – repertório constante da vida e sua procriação, para os homens e os deuses. (LODY, 1995, p. 1)

Modelos religiosos como o Xangô, o Batuque, o Mina-Jeje/Nagô adquirem feições próprias, contudo preservando esta unidade ética de tratar Exu como o primeiro. Exu, o deus inaugurador, porque transita em todos os locais e fala todas as línguas, segundo o saber tradicional dos terreiros.

Para compreender melhor as relações culturais e morais do padê na sua intensidade simbólica e na preservação do seu rigor funcional, tomo como exemplos as concepções do Candomblé Nagô ou Ketu/Yorubá.

Há, no sistema dinâmico do orum e do aiê, protagonistas do permanente encontro, o padê, uma necessidade para a realização da comunicação; liberando início das matanças, colheitas de folhas, preparação de comidas, limpeza e zelo dos assentamentos; danças que contam os feitos, as características, as histórias de cada orixá.

Exu, o que propicia o encontro, é visualmente reconhecido nos seus alimentos principais, geralmente em portas, porteiras, ruas, esquinas – farofas de dendê, entre outras ofertas intencionalmente depositadas. Assim, cada ingrediente é acionador da conversa, do encontro que é sofisticadamente expresso em ritual de abertura no Candomblé, justamente o padê, quando todos devem participar, todos devem estar com Exu e, consequentemente, com todos os deuses do terreiro.

Embora a maioria dos terreiros cultue Exu e anuncie seus inúmeros desempenhos, há alguns casos em que esse grande personagem mítico é desconhecido ou ainda estrategicamente camuflado como uma divindade não incluída no elenco dos deuses, como é o caso do terreiro Mina-Jeje, a conhecida Casa das Minas, em São Luís do Maranhão. Aí, nesse templo repositório de tradições culturais e vivenciais dos **Fon** do Benim, antigo Daomé, voduns como Badé, Dadá-Hô-Uussu e Zomadone têm seus cultos assegurados pelo rigor e pelos zelos das noviches, das mulheres sacerdotisas dos voduns no Maranhão.

Contudo, não oficialmente cultuado, Exu, conhecido como Legba, recebe oferecimento de água, um tipo discreto, contudo funcional, de padê, ocorrente na porta da rua do templo, a Casa das Minas.

> [...] costuma-se colocar água para ele na porta da casa, cedo, antes do início das cerimônias. É o despacho, que é feito com água do comé ou peji [...]. (FERRETTI, 1983, p. 123)

Os oferecimentos rituais de comida, música e dança aos voduns seguem prescrições das dançantes que transmitem os desejos dos voduns, sua ética e sua moral religiosa. Legba, discretamente e secretamente visto na Casa das Minas, não se inclui nas três famílias de voduns, cujo principal é Zamadone, festejado em 24 de junho, São João, época dos grupos de Boi no Maranhão.

> Nunes Pereira não nos esclarece se (nos sacrifícios, matanças) se sacrificava para Legba, a exemplo do que ocorre nas casas de

rito Nagô na Bahia; e nem se há oferenda a Legba do sangue e demais partes do animal sacrificado [...]. (BARRETO, 1977, p. 85)

Exu atua decisivamente no **eu coletivo** do terreiro. Exu é articulador entre os genitores do mundo, os ancestrais do terreiro, os ancestrais remotos da África. Exu fala com os patronos do terreiro, com os demais deuses e principalmente dialoga com as farinhas, a água, a cachaça, o acaçá e tudo mais que pela mão do homem é oferecido, e pela boca do homem é acionado, nominando com intimidade funcional os Exus particulares e guardiães e os Exus do mundo, de todos os processos de comunicação.

Para a ética do axé comunal, o padê rememoriza cada coisa do Universo, pois cada coisa tem o seu Exu, como também cada orixá, cada indivíduo, tem um Exu particular.

O padê trata, enquanto liturgia, de chamar Exu para promover a integração e a harmonia entre o terreiro, o orum e o aiê.

Genericamente, o padê é realizado de diferentes formas e tipos, caracterizado na quantidade de ofertas que fazem os rituais de oferecimentos à rua para Exu e ainda nos seus santuários.

Uma quartinha d'água, um prato de farofa de azeite de dendê, um acaçá, um prato de farofa branca, de água, de cachaça, entre outros, são as principais ofertas.

Nas representações da água, da cachaça, da farinha, do acaçá são visíveis os sinais dos elementos da natureza, das cores, dos significados dos ingredientes misturados e quantificados nas louças de barro e na definição funcional de estarem com Exu na rua, no ideal da comunicação, no mundo extramuros dos terreiros.

O padê circula no mundo entre e com os vegetais, minerais e animais, acionando também as tecnologias – meios de transformação – que interferem na natureza, dando ao homem condições de marcar estilos individuais e de sociedades. Exu e o padê convivem e coparticipam com os deuses fenomênicos, representantes de aspectos do mundo, patronais dos elementos; caracterizações de guerreiros, reis, sacerdotes, caçadores, entre outras formas divinizadoras da natureza e de indivíduos notáveis para histórias político-sociais de povos.

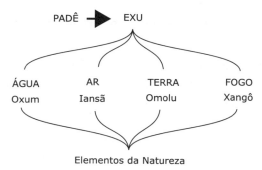

Integração do padê com os orixás fenomênicos – 1

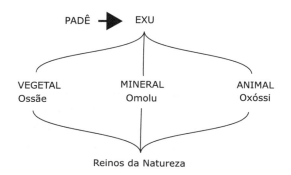

Integração do padê com os orixás fenomênicos – 2

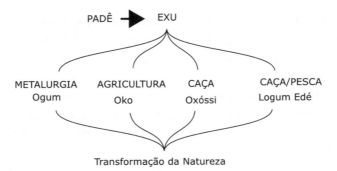

Transformação da Natureza
Integração do padê com os orixás fenomênicos – 3

Se Exu estabelece as relações, se Exu está em todas as coisas do orum e do aiê, Exu é também a matéria geradora, o barro vermelho, a laterita composta de hidróxido de alumínio e ferro.

Exus moldados em argila, sangue, folhas, frutos, búzios – representações antropomorfas – denotam morfologias de proximidade e de identificação com o homem.

> [...] Olodumaré moldou o homem como um boneco de barro. O boneco não possui vida: chega Oxalá, dá um sopro nas narinas do boneco, e esse adquire vida e condições de procriar. (LODY, 1995, p. 1)

O encontro desejado do padê é um encontro com a África em todos os símbolos genéricos e também nos específicos e que identificam o modelo de Nação, ou ainda de um terreiro-matriz, estilos de famosos Pais e Mães de Santo.

> O epô é prontamente colocado no assento de Exu, o poderoso. Exu apoie aquele que faz o ebó bem feito. Exu é quem receberá o nosso ebó. (Tradição oral)

O dendê legitima o padê. O dendê traz uma história imemorial dos povos africanos, dando ao Brasil uma retomada da vida desses povos. Assim, possibilita representação e relação com ancestrais; orixás, voduns e inkices. A palavra "padê", na sua verdadeira realização em âmbito religioso, é um substitutivo de farofa, especialmente de dendê, tendo referência também para farofa de água, de mel, entre outras.

Não é possível olhar ou entender o processo dinâmico e também criativo que é o padê nas suas muitas e variadas realizações nos terreiros, nas ruas e em outros locais, somente pela concepção Nagô. Muitas outras concepções dão ao padê diferentes usos, e funcionalmente são adequadas às necessidades rituais do Candomblé, do Xangô e mesmo da Umbanda, tanto a tradicional como a "candombleizada".

O padê e as suas muitas variações expressam a liberdade inventiva das religiões afro-brasileiras em transformar, manter, criar situações sobre modelos tidos como tradicionais, fundadores de identidades de Nações, e, por conseguinte, do sofisticado sistema de poder desses mesmos terreiros.

O secreto e o público dão aos terreiros suas feições particulares, estilos de ser, de entender, de promover os rituais religiosos. Auferem também rigor, proximidade aos modelos almejados como africanos ou genericamente afro.

Está no padê um elo de identificação com o eu coletivo do terreiro, com a sabedoria tradicional, com os repertórios de músicas, danças e textos sagrados.

O padê expressa uma inauguração permanente para cada ritual, festa, obrigação, comida, feitura, entre outros.

A inauguração, ou melhor, a reinauguração em cada padê, é fixação dos motivos de convivência entre os antepassados, homens e deuses.

TAXONOMIA DO PADÊ

Terreiros de Candomblé de diferentes Nações, na Bahia, no Rio de Janeiro e em São Paulo, terreiros de Xangô em Pernambuco, Alagoas e Sergipe, terreiros de Umbanda no Rio de Janeiro, terreiros de Batuque no Rio Grande do Sul realizam diferentes e criativos rituais para Exu, ora como padê na sua concepção mais tradicional e fundamental, ora como o ato de despachar, levar para a rua os oferecimentos ao orixá:

- **PADÊ DE CUIA** – farofa de dendê, farofa branca, água, cachaça e acaçá branco.
- **PADÊ COMPLETO** – farofa de dendê, farofa branca, cachaça.
- **VARIAÇÕES DO PADÊ COMPLETO** – farofa de dendê, água; farofa branca, água; farofa de mel, água.
- **PADÊ DE DENDÊ** – farofa de dendê.
- **PADÊ DE FAROFA BRANCA** – farofa de água.
- **PADÊ DE MEL** – farofa de mel.
- **PADÊ DE ÁGUA E ACAÇÁ** – água e acaçás brancos e vermelhos; água e acaçás brancos; água e acaçás vermelhos.
- **PADÊ DE MENGA** – farofa de dendê, sangue de animal sacrificado para Exu e outros ingredientes, como água e cachaça.
- **PADÊ DE ÁGUA** – água.

Unidade, harmonia e continuidade dos princípios éticos e religiosos fazem do Candomblé um sistema memorialista de relações de poder, de ideário mítico e de cultos diferenciados.

O padê é um dos momentos mais importantes do processo litúrgico dos terreiros. Atua no **olori** do indivíduo, comanda o eu individual, ampliando o **eu social**, buscando o encontro do eu, o **emi-padê** – é o eu ancestral do eu emergente, a construção do eu iniciático –, tudo sob o signo vitalizador e dinâmico de Exu, verdadeiro significado do emi-padê, do **eu padê**, o encontro, a comunicação permanente inter-homens, interdeuses, entre homens e deuses.

POVO DO SANTO/
POVO DO DENDÊ

O estigma cultural do dendê é impregnado do saber, do comportamento, do jeito, do conhecimento e do reconhecimento dos adeptos do Candomblé, do chamado **Povo do Santo** – principalmente os feitos ou iniciados, podendo-se incluir também simpatizantes e aqueles que não são feitos, mas têm **obrigação** ou ainda **santo assentado** –, em que o azeite, o dendezeiro e seus muitos produtos somente atestam como é próximo e uno o **ser do santo** com o **ser do dendê**.

O dendê é quente, tem cor forte, sabor preciso e único, e o Povo do Santo assume características ideológicas que se refletem em ética, hierarquia, comportamento, posturas, gestualidades, vocabulário, tendências sexuais e estéticas particulares que somente reforçam aquele ideal africano que está fundado no que vem do dendê.

Além desta categoria **quente**, que é aliada às qualidades do dendê, e assim congregando boa parcela dos que se incluem no Povo do Santo, há uma segunda categoria, que é de oposição por ser **fria**, ou seja: daquele elenco de iniciados que compartilham com os seus **santos**, que não incluem dendê nos seus axés. Para os adeptos do modelo Ketu, são os chamados orixás **funfun** ou **orixás do**

branco. Deste grupo, a abstinência do dendê é a marca principal, e do outro grupo, o uso do dendê é, por sua vez, também a marca principal.

Diga-se que os estilos e comportamentos do Povo do Santo adquirem feições regionais e outras já estereotipadas pela própria mídia eletrônica, porém, algumas características são fundamentais e observáveis, tanto no amplo modelo do Candomblé baiano, como no Xangô pernambucano ou nas Casas Mina-Jeje e Mina-Nagô do Maranhão. Uma das principais características refere-se à cor – cor de roupas, dos objetos sagrados, dos assentamentos, das comidas, dos adornos corporais; tudo isso se relaciona com a luz tropical e a preferência por cores como vermelho, verde, amarelo, azuis intensos e laranja, entre outras. Para o Povo do Santo, ou o **Povo do Dendê**, não estão desvinculadas as grandes tendências de uma estética de identificação, o que garante espaços e aceitações não menos especiais por parte dos próprios terreiros, bem como da sociedade total. A outra categoria, funfun, incluída no grupo do branco, continua a manter os princípios comportamentais do grupo anterior, porém a visualidade será alterada pelo predomínio da cor branca ou de cores claras – distintivas das qualidades dos orixás as quais representam, em especial Oxalá.

Assim, as categorias vermelho e branco ou quente e frio, respectivamente com dendê e sem dendê, formam um imaginário no qual o **iaô** de Oxalá, que não come dendê, é um indivíduo calmo. E esta idealização de calma é também apoiada no paralelismo afrocatólico, que busca também traduzir o comportamento do santo como um comportamento integrado ao orixá.

Tanto os quentes como os frios, na visualidade do limite conceitual traçado pelo dendê – aquelas categorias da fluente comunicabilidade interadeptos dos terreiros e a sociedade nacional –, encarnam certos **vícios** de linguagem e de expressão corporal que apoiam suas identificações nos diferentes ambientes onde estiverem presentes.

Ainda no tocante à estética do dendê, verifica-se uma tendência do alargamento da cor alaranjada do azeite aos metais, em especial o cobre e o latão dourado, a fios de contas, correntes dos ibás, acessórios de indumentárias, e também aos estampados das saias, aos panos da costa ou ainda às montagens escultóricas dos assentamentos, enquanto síntese da história dos deuses, reunindo seus principais materiais, em que se destacam as comidas. Envereda-se, inclusive, pela música com os polirritmos – toques dos atabaques e do agogô que, segundo o som e suas relações com o canto e a dança, apoiam as caracterizações de uma geral etnoestética funcionalista que ordena e orienta o fazer e o **ser** do santo, ou seja, do Povo do Santo.

O que se vê, ouve, toca, come, cheira e imagina neste mundo, onde o dendê é uma espécie de sol africano que conduz, acentua e pontua motivos, herança e também novas criações – afro-brasileiras –, está na evidente aceitação e na incorporação de todos esses tipos de ações e também reações por parte do crescente contingente adepto dos terreiros, e também influi de maneira não menos enfática nos comportamentos sociais do brasileiro, especialmente aqueles que vivem nas chamadas áreas de maior incidência sociocultural africana ou modelarmente africana.

FOLHAS DO DENDEZEIRO E SUAS INTERVENÇÕES NOS ESPAÇOS

O mariô, folha geralmente nova e tenra do dendezeiro que é desfiada artesanalmente, está pronto para um dos mais importantes usos do verde na ética religiosa dos terreiros, especialmente nos Candomblés.

Fazer mariô é atividade masculina, e inclusive crianças podem fazê-lo. Não há nenhum cunho cerimonial específico para este trabalho, mas a colocação dos mariôs nos diferentes locais é uma tarefa que exige maior compreensão do seu emprego. Nesse caso, são pessoas adultas e ocupantes de cargos no terreiro que orientarão ou mesmo colocarão os mariôs.

O mariô é espécie de atestado de proteção e confirmação da própria árvore sagrada, o dendezeiro, tão sabidamente uma fonte para a vida material e simbólica dos orixás, voduns e inkices, sendo uma das principais folhas do axé.

É comum existir mariôs nas portas e janelas dos prédios que abrigam os locais, públicos ou privados, dos terreiros. Justamente nas entradas, locais que se comunicam com o espaço não sagrado exterior, marca o mariô uma divisa e um distintivo da ação e da proteção mágica, impedindo a entrada dos malefícios e principalmente que os mortos venham conviver com os vivos.

Para a organização religiosa dos Candomblés e Xangôs, são muito bem definidos os mundos dos orixás/vivos e dos Eguns/mortos, o que impõe divisões muito nítidas, tanto para os rituais como para as convivências de dois setores, a princípio, opostos, mas que se unem nos mesmos fundamentos de uma ancestralidade remota africana e outra próxima, de fundo e forma afro-brasileiros.

Não somente no lado exterior, as portas e janelas dos prédios, como também nas portas de circulação interna e, em alguns casos, todos os ambientes são circundados com mariôs. O **ixé**, por exemplo, coluna ou mastro central, é rigorosamente protegido pelo mariô, em que se incluem outras folhas sagradas como orientação dos orixás patronos ou conforme o tipo de festa que esteja em preparação no terreiro.

> Tudo gira em torno do *ixé*, é verdadeiro centro de atração onde todas as danças cerimoniais são realizadas em sentido de roda [...] Ali é o centro do Espaço, é o umbigo do terreiro. (LODY, 1984, grifo do autor)

Nos pontos principais da arquitetura interior dos terreiros, o uso do mariô indica a importância dos locais e mesmo de peças móveis, como a cadeira de mando do dirigente, que terá, quase sempre, mariô no espaldar, como em outros assentos de ekédis e ogãs que formam o elenco do mando – a alta hierarquia.

O local dos atabaques – espaço especialmente determinado para a execução da música litúrgica no barracão, por isso público, aberto aos iniciados e não iniciados – merece um tratamento de proteção que é feito com mariôs próximos ou mesmo no corpo dos instrumentos. Sabidamente, o atabaque tem a posição de um deus – é **feito**, recebe nome próprio, é alimentado frequentemente, é vestido e tratado pelos **alabês**, **runtós** ou **xicaringomes** como quem trata de um assentamento de santo.

A importância do atabaque para a religião dos deuses africanos é de elo e ao mesmo tempo comunicação, trazendo aos rituais os deuses para as suas obrigações, festas, iniciações – marcando os momentos de passagem dos noviços nos templos. Se a música não cumprir suas finalidades e se os atabaques não falarem diretamente com os deuses, os rituais não serão plenamente cumpridos. A garantia para que a comunicação aconteça é a preparação dos músicos e dos atabaques, quando o mariô dará atestado da não intervenção de categorias estranhas na relação entre os deuses e os vivos.

Na construção de espaços arquitetônicos provisórios, a folha do dendezeiro é a indicada, por suas qualidades, segundo o conhecimento fitocultural dos terreiros, bem como do próprio conhecimento artesanal daqueles que trabalham na edificação de tapagens, entre elas a da chamada Casa de Caboclo.

A Casa de Caboclo, ou **Aldeia**, é uma interpretação exterior, por parte do homem africano e seus descendentes, do que concebeu e fixou como normas rituais do culto aos caboclos.

Caboclo, ancestral da nova terra, da terra brasileira, por isso merecedor de rituais novos, não semelhantes àqueles dedicados aos ancestrais africanos, porém determinando uma nova categoria mitológica que foi absorvida pelos Candomblés baianos e assim pelos demais.

> Assumindo as funções de divindade, o caboclo é encarado e interpretado como um semideus que veio ajudar e aliviar as pessoas dos seus problemas [...]. Intimamente relacionado com

os inkices cultuados nos terreiros Angola-Congo e Moxicongo, o caboclo assimilou valores pertinentes às divindades africanas, estabeleceu intercâmbio de influências [...]. (LODY, 1977b)

A Aldeia é o local das obrigações, onde são colocados matanças, frutas, bebidas, fumo e outros agrados dos caboclos. Lá também estarão os assentamentos, quartinhas, que marcam cada tipo de caboclo, contendo o sangue dos animais, mel, ervas e nunca o dendê, porque **caboclo não tem dendê**. Dendê é prerrogativa de **santo africano** e não de **santo brasileiro**.

É também na Aldeia, ou diante dela, que ocorrerão os principais rituais com o oferecimento da **Jurema** e a distribuição de frutas. Os caboclos puxarão cantigas referentes às matas, às caçadas, e reforçarão obediência diante de Deus e alguns santos católicos da predileção do ancestral da terra brasileira.

As folhas do dendezeiro na formulação da Aldeia representam, sinteticamente, a mata brasileira e também as lembranças da mata africana, relida pelo olhar afro-brasileiro, e, por isso, não necessariamente um olhar africano, ou melhor, no caso brasileiro, pluriafricano.

Após as festas dos caboclos, as Aldeias são desmontadas e acompanham os **carregos**. Aquelas folhas que, por algum tempo, serviram de morada para os caboclos, voltando às matas – espaço original dos donos da terra –, serão reintegradas ao sistema ecológico.

Para as construções provisórias incluídas na arquitetura sagrada dos terreiros, outro caso – presente nos Candomblés Ketu – é a morada de Oxalufã, conhecida como **Baluê**, tipo de tapagem feita com folhas de dendezeiro e que abrigará por um tempo determinado o assentamento do orixá que será submetido ao ritual das águas, as **Águas de Oxalá**.

Geralmente, no início da primavera, quando os terreiros de Candomblé Ketu reiniciam suas obrigações anuais, as Águas de Oxalá inauguram o novo ciclo, como se realimentassem os axés de todos os orixás pelo ato coletivo da renovação da água, água nova, limpa, sagrada, fonte da fertilidade, marca de Oxalá.

Para determinar o local desta importante obrigação, o Baluê abrigará, além do assentamento de Oxalufã, quartinhas individuais de cada membro do terreiro, que irão em cortejo cerimonial até uma fonte d'água para abastecer o recipiente de barro e despejá-lo sobre o **ibá** – parte central do assentamento –, que assim será limpo, purificado, e comunalmente serão reativadas as propriedades de fertilidade, bem como de multiplicidade, e axé para todos aqueles que participaram da obrigação e para o terreiro como um todo indivisível.

O conceito de viço da água e fertilidade não se isola de um conceito não menos abrangente, que é o do dendezeiro enquanto árvore de muitas propriedades. E, justamente, nesta união do dendezeiro que faz a nova casa de Oxalufã – Baluê – e os rituais ali desenvolvidos, é que a abertura do calendário de festas estará garantida conforme o desejado e prescrito pela tradição religiosa.

De uso mais abrangente, porém marcando tempo de festa, é o aparecimento de folhas de dendezeiro (*Elaeis guineensis*), folhas de coqueiro-da-bahia, o coco-amargoso (*Syagrus pseudococos* [Raddi] Glassman), ou folhas de pindoba (*Attalea humilis* Mart.) decorando os ambientes públicos, como barracões, portões e outros locais de circulação geral. O uso de **ojás** (faixas) de pano em arranjos com as folhas, recortes de papelão e isopor, geralmente recobertos de papel laminado ou mesmo pintando aquelas superfícies, reproduzindo **ferramentas de santo**, faz os motivos principais dos enfeites das festas nos terreiros.

Nos espaços exteriores aos templos e construções dos pejis e do barracão, outra categoria de assentamentos, onde se incluem as árvores sagradas – moradas dos deuses –, também se acresce de mariôs nos troncos, juntamente a ojás de pano, determinando, em códigos entendíveis pelo Povo do Santo, que são árvores assentadas ou preparadas. Geralmente mangueiras, cajazeiras e gameleiras, incluindo-se também louças de barro que terão funções cerimoniais, contendo água e alimentos dos deuses.

O aparecimento dos mariôs fora dos espaços sagrados dos terreiros será constatado nas casas de moradia de membros dos Candomblés e Xangôs, protegendo assim suas habitações com as mesmas finalidades, como é comum ocorrer nos templos. Este uso não é obrigatório como nos terreiros, sendo mais um mecanismo para o adepto prolongar suas relações com a matriz do sagrado e, assim, unido, sentir-se parte integrante dela.

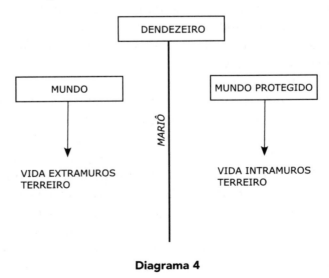

Diagrama 4

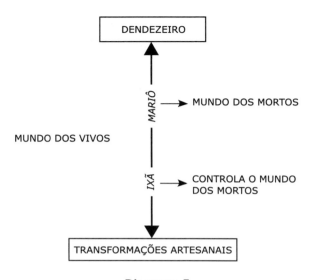

Diagrama 5

Novamente, verifica-se a necessidade do verde na compreensão ecológica dos terreiros, visando ao indispensável para a vida religiosa, mantendo as árvores, os jardins e outras áreas naturais imprescindíveis à religião, com eficácia nos planos litúrgicos para com os deuses e para a vida do Povo do Santo.

FERRAMENTAS/ INSÍGNIAS

O uso tradicional da folha do dendezeiro desfiada como mariô é de ocorrência cotidiana na arquitetura dos templos de Candomblé e Xangô, como também nas roupas e nos utensílios de fundo religioso, conforme cerimônias especiais. Iansã, ao carregar na cabeça a gamela de madeira com os acarajés, poderá guarnecer o objeto com um mariô, ou mesmo substituir o **eruexim** – uma das suas principais ferramentas –, que é confeccionado com cauda de burro ou boi e cabo de madeira ou de metal, preferencialmente o cobre. Também o **azé** ou **filá** de Omolu, feito de palha da costa (ráfia, *Raphia vinifera* P. Beauv.), contas e búzios, poderá, na ausência da palha da costa, ser substituído pela palha do dendezeiro (seca), lembrando, se desfiado com esmero, aquele material africano que também é comumente, por motivos econômicos, substituído pela fibra do buriti (*Mauritia flexuosa* L. f.), chamado por alguns palha da costa nacional.

A informação sobre a palha seca do dendezeiro substituir a palha da costa foi obtida na cidade de Cachoeira (BA), polo dos mais significativos da história religiosa dos voduns, tida como a terra do Jeje na Bahia. Como Omulu, chamado pelos Fon de Sapatá, é um dos voduns mais importantes da mitologia, vê-se com destaque a informação sobre outro uso do dendezeiro na roupa religiosa, além daquele tradicional para Ogum, tanto nos Candomblés como nos Xangôs.

As taliscas do dendezeiro, secas pelo tempo, são o material básico para a feitura de dois tipos de ferramentas de santo, que são o **xaxará** e o **ibiri**. As formas destas ferramentas seguem rígidos padrões estéticos e se atêm às funções específicas de Omolu e Nanã Burucu.

Xaxarás e ibiris são montados com feixes de taliscas de dendezeiro, acrescentando-se tecido (algodão, cetim), búzios e o couro – que pode ser tinturado nas cores vermelho ou preto – ou o canhamaço (tecido de cânhamo) como material tradicional constatado em peças muito antigas.

As taliscas de dendezeiro são reunidas em feixes com diâmetro em torno de 10 cm, sendo a base de couro, geralmente recoberta de búzios, criando-se assim o xaxará. Esta ferramenta é também conhecida como bastão de Omolu, vassoura, cetro de Omolu, instrumento, ferramenta de Omolu. Xaxarás mais recentes são fabricados com uma rede de crochê, em palha da costa, que cobre as taliscas de dendezeiro. Aplicações de contas, miçangas e búzios decoram o objeto. Predominam as combinações preto-branco e vermelho-preto. Em alguns xaxarás mais elaborados, são incluídos fios de **laguidibá**, contas africanas em diferentes cores e cabacinhas. Destacam-se miçangas brancas rajadas de azul, referentes a Nanã, outras amarelas rajadas de verde ou marrom, representando Oxumaré, e ainda contas transparentes tipo pingo d'água, corais e búzios que são encaixados segundo técnica conhecida em outros objetos de Ogum e de Oxaguiã, conforme atestado em catálogos que estudam as coleções Perseverança, do acervo do Instituto Histórico e Geográfico de Alagoas, e a de objetos africanos e afrobrasileiros do acervo do Instituto Geográfico e Histórico da Bahia. Xaxarás e ibiris bem tradicionais incluem-se no acervo do Museu Nacional (UFRJ). São feitos com taliscas de dendezeiro, tecido e muitos búzios, sendo que, no caso do xaxará, a base é reduzida, destacando as taliscas. No ibiri, que é totalmente recoberto de tecido, não se veem as taliscas, destacando-se as aplicações de búzios.

O xaxará, além de funcionar como um objeto que compõe o traje de Omulu, é um **bastão de cura** usado nas **limpezas** – processos em que, tocando o corpo da pessoa que se submete ao ritual com o xaxará, este terá a propriedade de afastar todos os malefícios. Quem dirige o ritual é pessoa de alta hierarquia no terreiro, podendo também o próprio orixá fazê-lo em situação pública no barracão ou em local privado.

O xaxará também é peça integrante na montagem do assentamento, juntamente às louças de barro e ao **otá do santo** – pedra sagrada, parte principal do assentamento.

O ibiri, segundo a tradição oral, é uma remota lembrança da tromba do elefante. Na verdade, o feixe de taliscas de dendezeiro lembra a tromba do animal, que por sua vez é sagrado para Oxalá, marido mítico de Nanã. O ibiri representa o poder de Nanã no mundo dos vivos e dos mortos.

É Nanã uma das mães ancestres que, nos Candomblés, dança com solenidade, levando o seu ibiri, e o faz com um cuidado especial, conduzindo-o com ambas as mãos, como se embalasse uma criança.

Nos Candomblés, o ibiri é objeto muito conhecido, bem como o culto de Nanã é bem difundido, porém, no Xangô pernambucano, Nanã é um orixá cujo culto foi absorvido pelo de Iemanjá – orixá aquático e mais popular no Recife.

A lembrança de Nanã no Xangô faz-se através de cânticos, tradições orais ou mesmo dedicando-se uma moringa de barro com água como se representasse o orixá no peji, próximo aos assentos de Omulu – um dos seus filhos diletos.

Os ibiris mais recentes desvendam as taliscas de dendezeiro, obedecendo contudo ao formato original, e empregam os mesmos recursos, como ocorre na feitura do xaxará – rede feita de crochê de palha da costa e aplicações de búzios e contas, além do uso de tecidos como o astracã nas cores azul-claro e branco, enquanto a cor predominante nos ibiris antigos é o vermelho.

Para montar o xaxará e o ibiri nos tradicionais Candomblés Ketu, há o assobá – sacerdote-artesão da casa de Omolu, Oxumaré e Nanã –, o responsável pela feitura de todas as ferramentas necessárias aos pejis desses orixás, sendo um especialista em trabalhar as taliscas do dendezeiro. Os metais não são empregados nas ferramentas de Omolu e Nanã, e isso é fundado nas tradições orais que arrolam as lutas entre Nanã e Ogum, o orixá do ferro. Por um lado Nanã e seus filhos, por outro lado Ogum, o ferreiro, o herói civilizador que domina o ferro e sua transformação em diferentes objetos.

Veem-se nesses dois grupos, comandados por Nanã e Ogum, materiais distintos que implicam tecnologias específicas para as suas transformações, como também significados específicos para os rituais religiosos. Nanã domina o grupo de fibras e madeiras, tendo no dendezeiro a sua principal fonte material, e Ogum domina o grupo dos metais, tendo no ferro o seu principal elemento. Conforme explicam as tradições orais, Nanã e Ogum sempre buscaram as preferências de Oxalá, o que gerou um conflito ainda não solucionado pelos deuses. Por isso, Nanã e seus filhos não incluem nos seus símbolos os metais, usando para as obrigações de sacrifícios de animais – matanças – facas de madeira ou outros objetos não metálicos.

Por Nanã representar ancestralidade, sendo a mais velha divindade das águas, morando nos charcos, nos lamaçais e nas profundezas do mar, ela marca um período determinado que também implica antiguidade, enquanto Ogum é também uma espécie de transgressor desta antiguidade com as novas técnicas e objetos vindos da fundição dos metais, especialmente o ferro.

São dois momentos distintos das histórias mitológicas desses deuses, testemunhados pelos objetos rituais. O ibiri e o xaxará para Nanã e Omolu, e as armas e ferramentas agrícolas para Ogum, como se cada orixá representasse uma idade da civilização específica. Nanã para a idade da madeira e Ogum para a idade do ferro. Como se esses períodos fossem relembrados não somente pelas tradições orais, como também pelos elencos de objetos.

Sem receber nenhum tratamento artesanal, coletado do dendezeiro e limpo com uso de uma faca, um pedaço de haste de folha passa a funcionar como um tipo de bastão de mando e poder dos **ojés**, nos seus tratos de controladores e cultuadores dos Eguns.

É o **ixã** – bastão que identifica o sacerdote do culto Egungun (o ojé) –, com o qual este determinará as entradas e saídas dos Eguns nas festas e obrigações secretas.

Com o ixã, o ojé se garante, mantendo a divisa entre o mundo dos vivos e o mundo dos mortos, onde novamente um produto vindo do dendezeiro assume importante papel, semelhante ao mariô (também funcionalmente anteparo espacial e corporal), definindo a categoria de protegido, no caso com a folha do axé, e a de não protegido, sem a ação interventora do dendezeiro.

O dendezeiro, enquanto origem e matéria-prima, está presente e atuante em boa parcela da vida dos terreiros, com as ferramentas de santo, nas indumentárias, nos espaços arquitetônicos, na gastronomia, entre demais usos e funções nos espaços sagrados dos Candomblés e Xangôs.

A ARMADURA VERDE DE OGUM

Ogum, por ser o iniciador, aquele que abre os caminhos, as estradas, desempenhando funções de modificador da natureza, vive numa relação perigosa nessas intervenções sucessivas, convivendo com os outros deuses, os ancestrais e os homens.

Ogum é um orixá desbravador, sendo por isso descobridor, inovador e também civilizador, confirmando seus conhecimentos em transformar os metais, em especial a tecnologia do ferro, criando ferramentas agrícolas e armas para luta e defesa.

A sua criação fundamental com o ferro amplia seu papel de guardião, defensor-guerreiro da sua obra, como daqueles que trabalham e vivem das ferramentas, como agricultores, artesãos, soldados e cultuadores do orixá.

Na visão afro-brasileira de Ogum, diante do processo de escravagismo, foi-lhe dado um valor geral de lutador, quase recuperador da dignidade africana, juntamente a Exu, seu irmão, aquele que também está em todos os caminhos.

Ogum e Exu formam o início, a frente de um ideal de luta pela história, memória e saber do homem africano, especialmente na retomada da consciência dos valores culturais da África presentes na formação da sociedade brasileira.

Com o patronato de Ogum e Exu, as instituições tradicionais dos terreiros tomaram a si incumbências defensivas dos patrimônios, tendo como base a causa religiosa dos orixás, voduns, inkices e dos caboclos, enquanto expressão emergente de um processo de adequação e abrasileiramento das mitologias de origem africana.

Para ocupar um lugar tão determinado e funcionalmente prescrito pela tradição cultural afro-brasileira, Ogum, na sua visualidade para o imaginário dos terreiros, é coberto e protegido pelos mariôs. Assim, o orixá terá trânsito nos mundos dos mortos e dos vivos.

A propriedade do mariô é a de determinar precisamente os espaços protegidos e os não protegidos. É de uso nas casas, na mobília, nos assentamentos dos deuses, no corpo dos iniciados e na roupa de Ogum, garantindo a ação e a penetração do orixá em todos os locais, sendo a própria encarnação da palmeira – o dendezeiro –, fazendo com que as representações sejam ampliadas dos utensílios em ferro para árvores votivas. Embora nos terreiros de Candomblé confiram a Ogum a jaqueira como sua árvore principal, está no dendezeiro a fonte fitomágica do orixá.

O mariô, para Ogum, é a sua armadura verde, num prolongamento do dendezeiro enquanto árvore sagrada e ligada aos mitos de origem e ao cotidiano dos terreiros.

O mariô e Ogum unem-se para ser oficialmente o limite e ao mesmo tempo a fluidez do orixá. Para a roupa de Ogum, nos terreiros, nos seus assentamentos no interior dos pejis, ou ao ar livre, os mariôs devem ser tenros, feitos de folhas novas, emanando um viço constatado pela imagem e pelo odor da folha desfiada.

O mariô anuncia Ogum, prevendo-se na roupa do iaô as duas **bandas**, quer dizer, dois mariôs dispostos a tiracolo em ambos os lados, ocorrendo ainda uma saieta, também de mariô; na cabeça, compondo o capacete, pode-se incluir um outro mariô. Tudo sobre roupa de tecido, onde predomina o azulão combinado com o branco e o verde. A ferramenta principal é o facão ou mesmo a espada; Ogum Xoroquê, orixá metade Exu, é distinguido com **ogó** (bastão de Exu) e facão, portando ainda o mariô, indispensável para qualquer tipo, ou melhor, qualidade de Ogum.

O iaô tem seu corpo integrado ao dendezeiro quando transformado em Ogum, através do traje ritual com os mariôs. Também nas cerimônias fúnebres – axexê –, usará punhos de mariô, purificando o corpo e impedindo o seu contato com o morto.

O dendezeiro, sem dúvida, é folha muito especial, unindo-se então o axé do verde ao axé do corpo, que em exemplo tão nítido oferece-nos o multiúso do mariô, que está no espaço corpo, espaço casa, espaço assentamento – dialogando, criando diferentes categorias que juntas se intercomplementam na ética religiosa orientadora do terreiro.

Ogum e o mariô estão definitivamente incorporados como indivisíveis, sendo o mariô o próprio símbolo de Ogum, tão forte e definitivo como o facão. Ao mesmo tempo, sob esta leitura pode-se incluir o caso dos ojés – sacerdotes do culto Egungun –, também conhecidos por mariô, reforçando o sentido do homem-divisa entre os planos da vida e da morte.

O mariô na roupa de Ogum é, sem dúvida, o principal elemento na composição material do orixá, como o ferro que é matéria principal dos molhos de ferramentas, que só estarão completos com o mariô nesta montagem ritual, onde se incluem louças de barro e até ferramentas e armas originais.

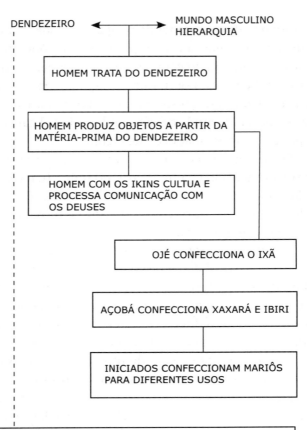

Diagrama 6

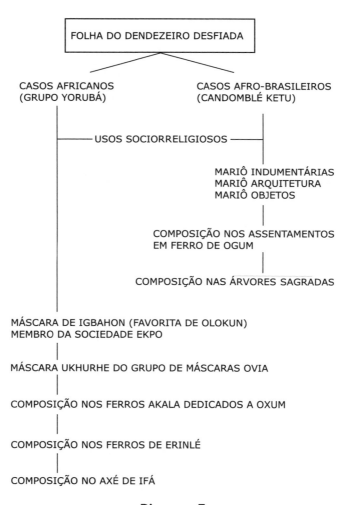

Diagrama 7

IFÁ:
OS OLHOS DE DENDÊ

Os orixás não são deuses propriamente ditos, mas seres sobrenaturais mediadores entre os homens e o Deus criador todo-poderoso, que não tem culto, nem família, nem santuário, nem representação tangível. Esses orixás são, portanto, poderes sobrenaturais que personificam traços do caráter divino. Dessa forma, Xangô é a personificação da vitalidade e da força de Deus, Obatalá de sua pureza e sua compaixão, Ifá de sua onisciência, Exu de sua inteligência [...]. Cada Yorubá venera um ou mais orixás, mas nunca todos eles. (BEIER, 1965; tradução nossa)[1]

Ifá, para os Yorubás, ou Fá, para os Fons, é o deus que tudo sabe e tudo vê, podendo desempenhar suas funções se apoiado por Exu – princípio fundamental –, ser inteligente por excelência.

---

[1] Tradução livre de: *Les orisha ne sont pas de dieux proprement dits, mais des êtres surnaturels médiateurs entre les hommes et Dieu créateur et tout-puissant, auquel il n'est pas rendu de culte, et qui n'a ni prête, ni sanctuaire, ni représentation palpable. Ces orisha son donc des puissances surnaturelles personnifiant des traits du caractère divin. Ansi Shango est Ia personnification de la vitalité et de la force de Dieu, Obatala de sa pureté et de sa compassion, Ifa de son omniscience, Esu de son intelligence [...]. Chaque Yoruba vénère un ou plusieurs Orisha, jamais tous* (BEIER, 1965).

Saber do futuro, prescrever e orientar para o trabalho, a saúde, o sexo, a religião e para tudo mais que se refira à vida, isso é capacitação de Orumilá, conhecido também como Orumilá Ifá.

Nesses olhos, que tudo veem e sabem, assenta-se o seu poder, não menos controlador e também articulador entre os outros deuses e os homens.

Esse olhar permanente do Ifá, fundido do olhar de Exu, será materializado pelos **ikins** – frutos do dendezeiro.

A própria palmeira é o Ifá, também fonte dos principais utensílios do ritual de vaticínio – os ikins.

O poder do aconselhamento, segundo a ética e a moral vigentes pelo sistema Fon-Yorubá, é mais importante do que o de adivinhar o futuro. Embora as tradições do Ifá no Brasil tenham sofrido um amplo processo de transformação e tenham se fixado com o chamado jogo de búzios, mantêm ainda um certo respeito sobre o que **fala** o Ifá, segundo a tradição, somente através do opelê.

O papel do babalaô, para os terreiros, sempre foi o de um sacerdote altamente especializado, atuante em diferentes momentos de não menos diferentes templos. O babalaô visitava os terreiros para dizer as mensagens de Ifá, conforme as necessidades, transportando seus instrumentos profissionais.

É uma divindade representada por dois vasos, contendo cada um dezesseis frutos de dendê que apresentem somente quatro olhos de sinais de orifício. Para olhar com o Ifá encerram-se os frutos nas mãos, que se sacodem de um lado para o outro. À proporção que os Ifás caem, um a um, o olhador vai predizendo o que há de acontecer. (QUERINO, 1938)

Certamente, Querino, referindo-se aos ifás, quis dizer ikins, frutos do dendezeiro que representam os dezesseis odus e foram substituídos pelos dezesseis búzios.

Sem dúvida, os dezesseis ikins, hoje dezesseis búzios, repetem alguns sistemas do complexo processo da ciência de decodificar as muitas combinações dos odus e assim predizer mensagens que estão mais assentadas no que têm de arquétipo do que propriamente de factual. Pela ampla disseminação dos sistemas sagrados do Ifá, o processo original de **ver** passa ao conhecimento popular como **jogo**, tendo aí certa e evidente carga de casuísmos, embora fundado em conhecimento que tenta se aproximar ao máximo do ideal africano. Assim, tenta ser verdadeiramente original ou aderente ao **modelo tradicional**. Com isso, torna-se mais aceito, de maior axé, conforme alardeiam os que se incluem no Povo do Santo.

O mister do vaticínio, originalmente prerrogativa do mundo masculino, abre-se às mulheres, certamente não pelo opelê, mas, sim, pelos búzios. Tão semelhante é a imagem de um búzio ao corte vaginal dos grandes lábios que é como se as mulheres com esses instrumentos – cauris (*Monetaria moneta*, molusco marinho) – por intimidade simbólica – manipulassem o seu próprio corpo e, assim, funcionalmente, **falassem** e alcançassem os orixás nas suas mensagens.

O Opelê é instrumento de homem, como o Opon Ifá – bandeja de madeira arredondada, apresentando entalhes que remetem aos búzios e aos dois olhos de Exu –, simbolicamente o mundo determinado pelo poder e pelo saber desta fusão Ifá e Exu.

No Xangô pernambucano, notadamente no terreiro Obá Ogunté Seita Africana Obaoumin, Orumilá é homenageado em obrigação anual no mês de dezembro, mantendo como cores simbólicas o verde e o amarelo, como também se observa num exemplo de Opelê do acervo do Museu Nacional (UFRJ), tombo 6450, formado por corrente e oito placas de metal, pendendo de cada placa sete alças de fios em miçangas verdes e amarelas, além de alguns corais, contas brancas, seguis e laguidibás.

Ao mesmo tempo, uma memória remota africana, que traz informações sobre os antigos processos de Ifá, convive com o dinâmico e mutável processo do jogo de búzios, cada vez mais simplificado, sendo muito mais intuitivo do que científico.

O Opelê Ifá é uma ciência, transmitida em longos anos de aprendizado, enquanto o jogo de búzios desvenda o futuro com certa suavidade distanciada de um saber milenar do mundo exclusivo dos homens.

O afro-brasileirismo do **jogo de búzios** tornou-o um processo em franca vulgaridade e cada vez mais aberto às subjetivas maneiras de ler ou de interpretar as mensagens, conforme o repertório de cada Pai ou Mãe de Santo.

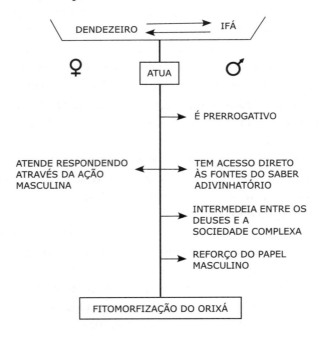

Diagrama 8

XANGÔ/EPÔ/INÃ

Xangô é **santo quente**, consagradamente santo do fogo, do vermelho, daquela força que irrompe a terra, sendo a seiva quente da lava do vulcão que fascina e atemoriza o homem. Xangô é também o dendê fervente e, segundo as tradições orais Yorubás, o Alafim (rei) torna-se orixá no momento em que descobre o segredo do fogo e fala soltando labaredas pela boca, queimando tudo que lhe estiver próximo. O Alafim, quarto na história de Oyó, deu continuidade à fundação do reino de Oranyan.

> Oranyan, fundador de Oyó (old Oyo), teria tido como sucessor um dos seus filhos, chamado Xangô [...]. Havendo tentado atrair e dominar os raios por processos mágicos, acabou por consegui-lo, para infelicidade da sua casa, e acabou por se enforcar. Xangô, que se tornou deus dos raios, é ainda hoje venerado em toda a Costa do Benin. (KI-ZERBO, 1972)

Antes de Xangô, na mitologia Yorubá, Oranfé ou Aranfé, deus celeste, dono do raio e ligado às origens da criação do mundo, foi incumbido por Oduduá de tomar conta de alguns fenômenos da natureza.

Depois da descoberta do fogo, Xangô domina campos determinados no mundo dos homens onde sua intervenção é marcada pela ação devastadora, embora busque também um tipo de harmonia, por encarnar os princípios da justiça. Pela abrangência do poder do orixá e por lidar com elementos tão fortes como os raios, os ventos, os terremotos, os vulcões e o próprio fogo, por dominar todos esses fenômenos e pela grande popularidade já trazida pelos Yorubás ao Brasil, Xangô assume dimensão nacional, ganhando popularidade. Em virtude do processo histórico do escravagismo de africanos, passa a ocupar o papel de um herói nacional, tanto para os escravos como para todos os oprimidos – espécie de mito libertador que alcança os terreiros, os homens livres, os negros e não negros, encarnando um ideal de força, de vida, de fertilidade.

Neste orixá, também Alafim, está a fonte de um vasto repertório preservado pelas tradições orais e, entre elas, uma lenda que conta a gênese dos orixás, a partir de um ato incestuoso da mãe de Xangô, Iemanjá.

A lenda Yorubá, recolhida por Ellis (século 18), diz do incesto de Orungã (o ar e as alturas), espaço mimético ao de Xangô, com sua mãe Iemanjá (as águas), o que resultou numa gravidez de deuses, a partir de um jorrar de águas, tendo sido Exu o primeiro a sair do ventre rompido de Iemanjá. Uma variante desta lenda relata Xangô como um dos orixás nascidos do incesto de Orungã, apontando para uma outra concepção sobre os domínios da natureza, ainda, segundo os modelos Yorubás.

O lado Alafim e o lado orixá de Xangô são unidos por um tipo de personalidade expansiva e incontrolável, como incontroláveis são os coriscos, as trovoadas, o fogo – fogo de Xangô –, elemento relembrado por todos aqueles que cultuam o orixá.

O fogo sagrado do orixá vem do dendê, enquanto combustível especial, próprio dos deuses.

A base mitológica Yorubá de Xangô é incorporada por outros sistemas religiosos formados por diferentes mitologias, como é o caso de Keviosô, para a Nação Jeje (Fon), ou Zaze da Nação Angola-Congo (Banta). Enquanto tema de rituais religiosos, Xangô domina com propriedade especial os Candomblés com sua família formada pelas mulheres Oyá, Oxum e Obá, além das interpretações sobre sua mãe, ora Iemanjá, ora Iá Massê Malê, ora Baiane, considerado também irmão de Xangô.

O processo de transmissão oral é altamente dinâmico e, por isso, rico em incorporações de novos motivos. Um tema, porém, é comum e frequente quando se fala de Xangô: o da personalidade irrequieta de um orixá que gosta de comer muito amalá, até se lambuzar de quiabos e inhame pilado, e que mantém relacionamento com Exu e com o fogo – fogo do poder que marca o seu axé de deus.

Os oxês – machados antropomórficos de Xangô –, feitos em madeira, comumente apresentam nos gumes dois olhos, lembrando ora búzios, ora frutos do dendezeiro, que representam o olhar vigilante e atento de Exu e ficam sobre a cabeça da figura-tema do próprio oxê, que é uma alegoria de um iniciado de posse de Xangô ou de algum aspecto humanizado do orixá.

A expansiva popularidade de Xangô no Brasil determina, inclusive, a nominação de modelo religioso no Nordeste, especialmente nos Estados de Sergipe, Alagoas e Pernambuco, onde se emprega o termo Xangô como equivalente a Candomblé para os baianos, ou Tambor Mina-Jeje e Mina-Nagô para os maranhenses.

O polo irradiador da fama de Xangô, a sua aceitação e a sua incorporação à vida civil brasileira foram na Bahia, em virtude da concentração de africanos originários de Oyó.

> Os africanos de Oyó foram certamente vendidos como escravos para o Brasil depois da tomada da antiga capital Yorubá pelos Fulani no final do século XVIII. A guerra muçulmana de expansão religiosa do Islã continuou até as três primeiras décadas do século XIX. (MORTON-WILLIAMS, 1964)

O processo de afro-abrasileiramento de Xangô, como dos outros orixás, foi aberto, inicialmente, a relações interafricanas no Brasil, ficando, sem dúvida, alguns redutos de tradicionalismo em torno do quarto Alafim de Oyó. Estes redutos estão nas cidades de Salvador e de Recife, que mantêm, através dos rituais religiosos, a rememorização dos principais feitos do Alafim-Orixá.

Alguns rituais são privados e outros públicos, concentrando-se as festas durante o mês de junho.

O fogo, o movimento, a música, o som estrondoso e muito dendê marcam o repertório fundamental do que é feito para agradar ao orixá, e tudo se inicia com a fogueira, geralmente próxima do peji ou ao barracão do terreiro. Esta fogueira é acesa, tendo o dendê como combustível, enquanto o toque alujá é executado por atabaques, agogô e acompanhamento de palmas. Ainda o fogo marca outros momentos dos rituais, quando Xangô irrompe o barracão carregando na cabeça o **ajeré** (panela de barro que contém o fogo, principal símbolo do poder do orixá): carregar o fogo na cabeça é a confirmação do próprio fogo como a principal atribuição de Xangô, que também distribui este fogo ao mundo por intermédio dos coriscos, do vulcão e de outros elementos que concentram calor e luz intensa.

Outro ritual público nas festas do orixá é o dos acarás – mechas de algodão embebidas em dendê e acesas com fogo. Os acarás são concorridamente disputados por Xangô e Iansã para comê-los, sendo este ato a lembrança do acesso ao axé do fogo, quando Xangô toma a si esta prerrogativa, falando e pondo labaredas pela boca.

Como foi visto, o dendê acompanha um ciclo cerimonial religioso de Xangô, atuando como fonte de vitalidade para os deuses.

Comer dendê, quente, comer comida com dendê, comer fogo, comer acará, pôr fogo pela boca, brotar o fogo pela cabeça, conforme ilustra o ajerê, são situações totalmente integradas e compreensíveis no âmbito das religiões afro-brasileiras, não determinando divisas muito rígidas entre o orixá e o homem – eles se fundem, se complementam –, pois os orixás são deuses humanizados, alegres, que dançam, comem, trabalham, falam, amam, vivem um destino que se une ao dos homens.

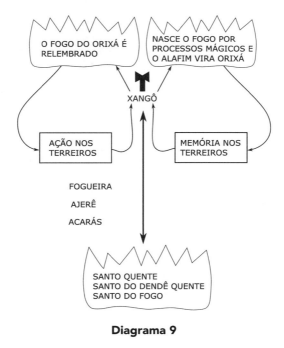

Diagrama 9

A PROVA DO ZÔ

No município de Nossa Senhora do Rosário do Porto da Cachoeira, ou Cachoeira, Recôncavo da Bahia, concentram--se muitos Candomblés e, em especial, aqueles seguidores da Nação Jeje na sua versão Jeje-Marrino (ou Mahin). Em meados do século 20, as roças eram amplas, áreas ainda florestais que, somente assim, podiam guardar as árvores sagradas, folhas litúrgicas, áreas verdes onde, nas obrigações e festas, os voduns se apresentavam enquanto qualidades de **Dã** – ou seja, de ancestral serpente, princípio da mobilidade do mundo. É a serpente que se torna branca, sendo a luz do dia; ao final da tarde, é vermelha; e à noite, é a serpente negra – e, assim, são os voduns, diferentes aspectos da grande e fundamental Dã, também visível sob a forma do arco-íris. Diz a tradição que o arco-íris é o alongamento de uma grande serpente que vem do céu para beber água.

Como informam os adeptos do Jeje em Cachoeira, **vodum é um santo Jeje e é cobra**, unindo nesta etnovisão de mundo e de ritual religioso uma compreensão ecocultural que privilegia as matas, os rios e as florestas como natural hábitat das cobras e dos próprios voduns, sendo os terreiros verdadeiras reproduções do espaço da natureza, onde muito verde, grandes árvores – maioria dos assentos dos deuses – serão sempre preservadas em função da existência do próprio vodum no terreiro.

O isolamento de Cachoeira garantiu-lhe uma continuidade de obrigações religiosas que tentam mimeticamente aproximar-se com fidelidade dos modelos africanos, no caso Fon, mantidas por Mães e Pais de Santo, e contingentes de voduncis – filhas de Dã –, iniciadas aos voduns.

As iniciações do Jeje são longas, exigindo confinamentos na área da roça por seis meses ou até um ano, de modo que a noviça aprenda vivencialmente sobre as tradições dos voduns, como cultuá-los, manter os espaços sagrados, cuidar das árvores, saber dançar, cantar, preparar as comidas e um artesanato básico necessário a implementos materiais dos diferentes assentos, ferramentas e símbolos necessários ao terreiro.

Os voduns são serpentes do fogo, do ar, da terra, das águas, do tempo, da vida e da morte; periodicamente, suas iniciadas têm de provar o valor e a dignidade do seu vodum-patrono. Entre as cerimônias públicas que mostram este valor, está a chamada **Prova do Zô** – cujos componentes básicos são um recipiente de barro com azeite de dendê fervente.

Estando em Cachoeira, num mês de agosto, nestas idas e vindas ao esplêndido vale do rio Paraguaçu – pedaço africano reconhecível entre terras daquele município, como também do outro lado do rio em São Félix –, pude assistir a uma cerimônia pública de apresentação de duas voduncis – novas para a comunidade – **recém-feitas** segundo o rigor e os fundamentos do Jeje. E, sendo de Cachoeira, é o Jeje mais respeitado, conforme diz a tradição do Povo do Santo. Este reconhecimento às matrizes do Jeje da Bahia está também em Salvador, onde se mantém, como pilar da tradição dos voduns, o terreiro do Bogum – chamado pelos adeptos de **Zogodô Bogum Malê Rundô**.

A festa pública da saída das noviças marcava a volta das recém-iniciadas ao convívio geral da comunidade e o retorno à sociedade extramuros do terreiro. A sequência das danças e dos cânticos aos voduns segue uma ordem, sendo Gu o primeiro, depois Agué, Sapatá, e assim sucessivamente. Em determinado momento da festa, há um toque especial, a "avamunha", com entradas e saídas das duas noviças que cumpriam preceitos da casa-terreiro; depois, os atabaques executavam o "bravum", tendo os runtós aquela agilidade em trazer ao salão os voduns para se apresentarem como serpentes, lembranças de Aiodoedô, Dambalá, Bafonos, Toquéns e tantos outros, todos Dãs, demonstrando suas habilidades de cobras naquela pequena África que foi o terreiro visitado.

Uma das noviças foi feita para Sobô – vodum do fogo assemelhando-se ao Xangô dos Yorubás. Para confirmar o bom desempenho da **Doné** – Mãe de Santo – na feitura do vodum, é de costume que se proceda à Prova do Zô, que também atesta a veracidade do **estado de santo**.

Num momento determinado, entra no salão uma panela de barro, fumegante, exalando cheiro forte de dendê borbulhante, contendo ainda alguns pedaços de uma das aves sacrificadas na manhã da festa.

Sobô adentra o salão com fúria de um raio, os olhos bem abertos, como é costume dos voduns e, tomando a iniciativa, vai até a panela, onde mergulha as mãos por algum tempo; em seguida exibe, para todos, os pedaços da ave. É um momento de profunda emoção, gerando grande comoção por parte dos outros iniciados, que respondem àquela cerimônia entrando em estado de santo.

Sobô, com grande orgulho, não temeu o dendê fervente e fez a Prova do Zô com ímpeto e desejo, deixando a Doné muito feliz, ampliando o seu poder de Mãe de Santo, confirmando os seus conhecimentos sobre os voduns e seus rituais.

Sobô jamais teria algum tipo de recato para chegar ao dendê fervente, pois o seu elemento básico é o fogo e tudo o que é quente; assim, toma contato consigo mesmo, se revê e se reconhece na própria Prova do Zô.

CABOCLO NÃO TEM DENDÊ

Manuel Querino (1938), em *Costumes africanos no Brasil*, relata a comida dos caboclos, determinando assim um universo cultural bem definido, cujas pistas indicam o que é de "índio" – caboclo – e o que é de africano, embora o olho do africano é que tenha lido o indígena e o incorporado ao modelo do Candomblé.

> Nas festas, as refeições constam de peixe ou de aves e animais de caça. As ervas são de inestimável valor.
>
> As abóboras cozidas com a casca, de mistura de feijão e mel de abelha, constituem os manjares preferidos.
>
> Às bebidas alcoólicas costuma-se adicionar certa quantidade do mesmo mel, assim como entrecasca da jurema.
>
> O azeite de dendê ou de cheiro não é admitido no condimento das iguarias. (QUERINO, 1938)

Como atestou Querino, o dendê é marca de um ideário africano e, sendo o caboclo um elemento mitológico nacional, não poderia se expressar com as mesmas características dos orixás, dos voduns e dos inkices. Dendê é coisa de africano, é coisa de negro; já o mel de abelha é coisa de indígena, de caboclo brasileiro.

Minha cabacinha
que veio da minha aldeia
se trouxer meu mel
eu não piso em terra alheia.
(tradição popular)

Como dizem esses versos do samba de caboclo, o mel é o principal atrativo e o gosto dos caboclos; é o axé dos caboclos, como o dendê é o da maioria dos santos africanos.

Apesar de o caboclo ter tido inclusão no sistema complexo do Candomblé e do Xangô, como também em versões distintas das Casas Mina-Jeje e Mina-Nagô do Maranhão, continua a ser visto e cultuado com uma certa distância e até mesmo preconceito por não ser africano.

A linha de ancestralidade como orientadora de uma categoria especial para os terreiros afro-brasileiros foi relida e ampliada com a presença do caboclo – o ancestral da terra brasileira –, por isso, venerado e respeitado conforme informam os iniciados, orientando dessa maneira a ética e a moral normalizadoras de seu culto.

Os caboclos nos Candomblés são divididos em dois grupos:

Os *Caboclos de Pena* – geralmente dançam como se estivessem caçando com arco e flecha; e *Caboclos Capangueiros,* que se apresentam, no samba, como se estivessem tangendo suas boiadas e, inclusive, soltam alguns aboios e utilizam termos próprios dos vaqueiros, quando tratam dos bois. (LODY, 1977b)

Apesar de certa independência de rituais para os caboclos, a base formal é afro-brasileira, tomando-se como referência os rituais dos **santos africanos**.

O dendezeiro, contudo, que representa Ifá e Exu, é também uma árvore incluída para os assentamentos dos caboclos, usando-se, ainda, louças de barro comuns aos demais assentamentos dos orixás.

O ser do caboclo apresenta alguns componentes de civismo, heroísmo e romantismo, além do caráter fundamental bravio que se alia ao do gentio, conforme leituras catequizantes. Porém, o valor nacionalista do caboclo, e com isso a não inclusão de objetos ou alimentos estranhos à sua vida essencialmente brasileira, confirma o mel como uma seiva nativa e florestal, enquanto o dendê é trazido do outro lado do mar, da África.

Certamente, essas diferenças são sutis no momento em que o dendezeiro é morada dos caboclos; como é sabido, das folhas do dendezeiro armam-se tapagens nos períodos de festas, conhecidas como Aldeias – também moradas de caboclos.

Ao mesmo tempo que o sistema religioso afro-brasileiro tenta definir o caboclo como um novo deus, nacional, não trazido da África como os demais, este sistema inclui o caboclo em situações de culto semelhantes aos santos africanos – embora buscando diferenças marcantes; entre elas, está, sem dúvida, o dendê substituído pelo mel.

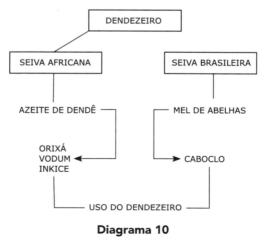

Diagrama 10

ORIXÁ FUNFUN NÃO TEM DENDÊ

Os deuses quentes são aqueles que incluem o dendê nos seus axés; os deuses frios, deuses do pano branco – funfun –, não o fazem. Essas duas bem determinadas categorias servem para orientar e também caracterizar os papéis e as funções dos deuses nos terreiros.

Essa fundamental diferença, especialmente para Oxalá, notoriamente distinguido dos deuses orixás, é justificada pela tradição oral africana, especialmente a Yorubá, já devidamente incorporada e reelaborada, nas tradições afro--brasileiras. Essas tradições controlam a ética religiosa, indicando aos dirigentes e adeptos comportamentos e também conhecimentos sobre os deuses e suas peculiaridades. Como é habitual, as histórias sobre os reinados africanos com as presenças de reis, sacerdotes e deuses compõem o principal estoque, que é ampliado e mudado conforme os desejos de quem narra, respeitando, porém, o enredo básico. E buscando informações num enredo básico, como já sabemos, aberto a variações, encontra-se a história de Oxalá, que sai pelo mundo em busca de sua mulher, Nanã.

Como de costume, antes de qualquer decisão importante, consulta-se o oluô e este o Ifá, que orienta quem o procura. Ifá desaconselhou Oxalá a viajar, prevendo grandes problemas para o Obá (rei) de Ifé. Oxalá, muito preocupado com a saída de Nanã, privilegiou a emoção em vez da razão, e não ouviu o que dizia Ifá. Assim, tomou de algumas roupas e outros apetrechos necessários à viagem e partiu para Oyó, reino de Xangô, para onde foi Nanã. Resolveu, entretanto, viajar incógnito, sem os aparatos de Obá, e assim seguiu rumo às terras de Xangô, tomando uma estrada. Após um tempo de viagem, Oxalá se depara com um homem que carrega um enorme saco de carvão, e presta-lhe auxílio. O homem deixa cair sobre Oxalá o carvão, escurecendo sua roupa branca. Na verdade, era Exu disfarçado, tentando impedir a viagem de Oxalá; este vai até um regato próximo e se lava, trocando de roupa. Assim, prossegue viagem. Passado algum tempo, em outra encruzilhada, Oxalá vê outro homem tentando colocar sobre a cabeça um enorme recipiente de barro contendo azeite de dendê; imediatamente Oxalá vai ajudá-lo e este faz com que o dendê se derrame sobre Oxalá. Nova atuação de Exu; Oxalá busca um regato, lava-se pela segunda vez, trocando nova roupa branca; neste momento, usa também o sabão da costa para se limpar do azeite.

Apesar das duas interrupções, Oxalá não desiste e continua a viagem para Oyó. Nisto, no reino de Xangô, o cavalo predileto do Alafim é roubado; e a guarda sai em busca dele com ordens de prender e castigar o ladrão.

Oxalá, que viajava há alguns dias, estava muito cansado. Na estrada, aparece-lhe um homem conduzindo um cavalo; este lhe oferece o animal para amenizar a longa caminhada. Oxalá segue a cavalo e o homem que o ajudou some. Na verdade esta é a terceira intervenção de Exu, tentando impedir a chegada de Oxalá até Nanã. Quase no reino de Xangô, Oxalá depara-se com a guarda do Alafim, que constata ser aquele o cavalo de Xangô.

Disfarçado de homem do povo, Oxalá não pôde provar sua inocência, sendo assim aprisionado e o cavalo recuperado para Xangô.

Muito tempo se passou e Oxalá foi envelhecendo na prisão, até que um dia Xangô descobre a injustiça que havia cometido com o Obá e convoca todo o reino de Oyó para seguir, em cortejo, carregando potes, porrões e outros recipientes, contendo água para lavar Oxalá, limpá-lo e assim pedir desculpas pelo ocorrido.

Xangô, sabendo que Oxalá estava muito velho e com dificuldades de caminhar, oferece-lhe um cajado magnífico, à altura de um rei – o pachorô –, leva-lhe também novas roupas brancas e, assim, após a cerimônia, Oxalá entra em Oyó como um verdadeiro Obá e reencontra Nanã.

Esta história, além de buscar as origens do repúdio de Oxalá ao dendê, às coisas escuras e a tudo que seja equíneo, também justifica a cerimônia das águas de Oxalá, enquanto obrigação anual dos Candomblés Ketu, relembrando a cerimônia presidida por Xangô; trazendo novamente o esplendor do branco e da limpeza da água – bases do axé de Oxalá.

Todos os elementos que formam o ser mítico de Oxalá concentram-se em categorias de oposição à cor, ao calor, ao sal, aos movimentos rápidos, ao Sol, à luta intensa, bem como ao brilho de roupas e de objetos. Fundamenta o frio, o branco, o opaco; o azeite doce substitui o azeite de dendê, como também a luz suave, trazendo assim o seu caráter de orixá funfun – relacionando-se a um dos seus mais importantes alimentos, o **ibim** (tipo de caramujo).

A partir daquele acontecimento narrado pela tradição dos terreiros, há uma mudança no comportamento de Oxalá, determinando também o comportamento dos seus iniciados. Tudo que se opõe a Oxalá também se opõe aos seus filhos, que mantêm o uso de cores claras, preferencialmente o branco, para as roupas; não incluem o azeite de dendê nem condimentos fortes nos seus alimentos; e procuram distância de cavalos ou produtos que tenham relação com este animal.

Antes da viagem de Oxalá em busca de Nanã, pressupõe-se uma certa similitude de hábitos alimentares e preferências por materiais e cores por parte dos deuses; uma frontal diferença, a partir da intervenção de Exu, determina as categorias quente e frio para todos os símbolos e preferências dos orixás, enquadrados rigorosamente em cada setor distinto.

Novamente o dendê é um marco discriminatório na cultura religiosa, gerando tipos e diferenças no ser de cada orixá e, consequentemente, por parte daqueles que fazem o Candomblé e o Xangô, na busca de preservar e conservar a tradição dos orixás, dos voduns e dos inkices.

Embora pertencentes a sistemas mitológicos distintos, outras divindades, fora do sistema Yorubá, mas que, por analogia, se assemelham a Oxalá, no Brasil encarnaram aquela história que abole o dendê e demais usos próprios da categoria funfun. Assim, Lissa, para os Fon, e Lemba, para os de raiz Banta, passam a incorporar, apesar das evidentes diferenças étnicas, os princípios do Oxalá dos Yorubás no Brasil.

COMIDAS DE DENDÊ

As crioulas da Bahia
Todas têm um certo quê...
Temperam a vida da gente
Como a moqueca o dendê.

(poesia popular da Bahia)

As mulheres especialistas na elaboração dos alimentos sagrados dos orixás são preparadas dentro do rigor dos cultos, que procuram manter importantes elos que possam unir os praticantes às divindades. É altamente socializante o ato de compartilhar do mesmo alimento em grupo, quando servido ao término das grandes festas públicas dos terreiros. A união das pessoas que têm os mesmos objetivos religiosos e as mesmas crenças é reforçada pelo ato de ingerir os alimentos preparados pelas yabás, yabassês, entre outros títulos, que variarão conforme o tipo de Nação à qual é filiado o terreiro.

Na realidade, é na preparação dos quitutes das mesas dos deuses africanos que constatamos a necessária utilização do dendê, juntamente às favas e aos frutos de origem africana, importantes na realização dos alimentos rituais, garantindo assim sua eficácia e sua destinação cultual.

O comércio de comidas à base de azeite de dendê faz parte da história urbana de cidades como Rio de Janeiro, Salvador e Recife, marcadas por **vendas** ou **ganhos** através de mulheres quituteiras ou quitandeiras, muitas delas vinculadas aos terreiros afro-brasileiros.

Além de as identidades dessas vendas ou desses ganhos estarem fundadas na imagem e no sabor do dendê, a doçaria foi ganhando território, tanto no fazer culinário como no consumo das ruas. É doçaria assentada em milho, coco e açúcar, combinando-se cravo, canela, limão, sal e principalmente os segredos das quantidades que somente a **mão** do cozinheiro tem, sabe e guarda como um tesouro, uma herança, ou mesmo um **dom**, tipo de vocação quase mágica.

Entre as ofertas dos tabuleiros ou bancas, vale destacar a permanência dos acarajés no Recife. São pequenos, redondinhos, verdadeiros bolinhos de feijão fritos em dendê, iguais aos africanos vendidos em ruas, praças e mercados tão próximos e iguais aos daqui do outro lado do Atlântico. São encontrados esses acarajés – os mais africanos – nas ruas centrais do Recife, bastando seguir o cheiro das frituras. Já os acarajés baianos, vendidos em tabuleiros mais suntuosos e de caráter barroco, por mulheres à moda – saia estampada, bata, pano da costa, fios de contas, turbante e folhas de axé colocadas atrás da orelha ou no próprio tabuleiro, com pequenas imagens de Santo Antônio, moedas e outros preparados para garantir boa venda –, são grandes e redondos, mais próximos do ideal do sanduíche do que dos bolinhos africanos. Esses acarajés são servidos com vatapá, camarões secos ou com a herege salada, sendo este conjunto um verdadeiro almoço. Voltando a Recife e retomando os acarajés africanos, sabe-se que serão iguais àqueles oferecidos nos Xangôs para Iansã, mulher temperamental e guerreira, que representa o caráter indomável da fêmea em eterno cio.

Acarajé

Preparado com feijão-fradinho ou fradim. O feijão fica de molho até soltar a casca; depois, ele é passado em pedra ou moinho, o que resulta em massa que será temperada com cebola ralada e sal. A massa deverá ser bem misturada, dando a consistência desejada, sempre utilizando-se a colher de pau para preparar a liga. O azeite de dendê é colocado em grande frigideira, panela rasa ou tacho. Quando fervendo, as porções da massa de feijão são fritas até se tornarem douradas pelo óleo de palma. O cheiro gostoso da fritura atiça qualquer apetite. O acarajé para uso profano pode ser comido com o molho nagô, e para as práticas sagradas apenas o frito é o bastante. O tamanho e o formato do acarajé têm simbolismos próprios e são endereçados a divindades específicas. O acarajé grande e redondo é de Xangô; os menores servem para as iabás como Iansã e Obá, e os Erês têm em seus cardápios votivos: os pequeninos acarajés de formato bem redondo (Bahia).

Acarajé de Xangô

Este acarajé é preparado com a mesma massa de feijão-fradinho, seguindo os mesmos rigores culinários do acarajé comum. O acarajé de Xangô é diferente no formato, sendo maior e alongado, tornando-se, assim, alimento do agrado dessa divindade (Bahia, Rio de Janeiro).

Ado

O milho debulhado é torrado, passando pelo moinho e tornando-se farinha. O ado é preparado com azeite de dendê e mel de abelha, sendo servido em pequenas porções em pratos de louça. Nos pejis, observa-se esse alimento de uso restrito, não sendo tão popular como o acarajé (Rio de Janeiro).

Agralá
Farofa feita com farinha fina, colocando um pouco de sal e azeite de dendê (Rio de Janeiro).

Alapatá
Esse alimento é feito com a massa do acarajé, feijão-fradinho moído e temperado no azeite de dendê, que, fervendo, é colocado com um conjunto de condimentos: camarões secos, cebolas, e deita-se por cima a massa do acarajé. Abrindo em toda a panela, frita-se e depois é colocado o alapatá em tigela redonda e levado ao peji (Rio de Janeiro).

Amalá
Prato predileto do cardápio ritual do orixá Xangô. O amalá é preparado com quiabos cortados em rodelas bem finas, temperados com cebola, camarão seco e azeite de dendê. Adicionam-se ervas, tais como: taioba, mostarda, bredo, capeba e outras. É de preceito e tradição colocar 12 quiabos inteiros na gamela de madeira na qual é servido o amalá, guarnecendo com acaçá sem as folhas de bananeira que o envolvem. É assim recebido no peji de Xangô o seu prato principal condicionado ao lendário desse orixá guerreiro e justo, forte pelos seus princípios vitais de controle dos elementos meteorológicos da natureza. O amalá também tem outros procedimentos culinários: pode-se preparar o amalá com carne bovina, utilizando-se a carne de peito, temperada e colocada com os quiabos e os ingredientes já enumerados. O amalá é preparado com rabada de boi, cozida e bem temperada, adicionando-se os quiabos e o azeite de dendê. O amalá de Xangô é servido com os rigores dos rituais dos terreiros de Candomblé, em que, ao som do adjá, as iabás levam a gamela em entrada solene ao peji, acompanhando os ritmos com palmas e agitando o xeré. O dirigente da

cerimônia oferece o amalá em honra a Xangô, devendo o alimento ficar no santuário de 6 a 12 dias. Esse alimento é também endereçado a **Iá Massê Malê** ou **Baianim**, figura mitológica da família de Xangô, acontecendo no 12º dia do ciclo festivo do orixá das trovoadas. Por relacionamentos rituais, todas as divindades ligadas ao ciclo mitológico de Xangô também recebem o amalá como alimento votivo, como uma espécie de união entre os elementos da mesma família sagrada. É tabu o oferecimento do amalá de Xangô em gamelas de madeira, juntamente ao orobô – fruto votivo desse orixá. Xangô come também o obi na cerimônia do Aramefá, quando as iabás, ricamente trajadas, dentro dos rigores das indumentárias dos terreiros de Candomblé, oferecem ao orixá Xangô o obi, cerimônia única e de grande significado religioso. O amalá também é conhecido popularmente como omalá, podendo tornar-se designação genérica para os alimentos rituais das divindades afro-brasileiras (Bahia, Rio de Janeiro).

Amalá de Nanã
Este alimento é preparado com folha de bredo, camarões e fubá de milho vermelho; cozinhando-se tudo junto, tempera-se com cebola, coentro e sal, colocando-se, em seguida, azeite de dendê (Alagoas).

Amalá de Ogum
É preparado com feijão-fradinho, que fica de molho até tornar-se bem mole para o cozimento. É acondicionado o tempero de camarões secos ralados, com sal e cebola, colocando-se bastante azeite de dendê. A água do cozimento do feijão é retirada, ficando apenas os grãos cozidos e temperados: pronto o amalá de Ogum, é servido em tigela própria desse orixá (Rio de Janeiro).

Amori

Para a preparação deste prato, as folhas de mostarda têm que estar em pleno verde; lavadas e fervidas, são temperadas com cebola, sal, camarões e azeite de dendê. O prato é de simples realização, sendo também conhecido por latipá. O amori, ou latipá, é de uso restrito nas cozinhas dos terreiros afro-brasileiros (Bahia).

Angu

É a papa cozida de farinha com água. O angu é prato dos mais populares, ocupando lugar comum nas mesas profanas e nos cardápios votivos de divindades cultuadas nos terreiros afro-brasileiros. Crê-se que esse prato tenha vindo do infundi de Angola. As comidas à base de angu são comuns, generalizando os alimentos moles, mesmo aqueles mais elaborados, com temperos especiais ou molhos adicionais, e, assim, o angu de farinha simples com água é consumido. Esse prato recebe nomes e adquire variantes quanto ao preparo. Angu de farinha é o comum cozimento de farinha, sal e água e atua como alimento-base ou complementar de carnes e peixes. Já o angu de fubá, condicionado ao fubá de milho, geralmente é servido com molho de carne picada ou moquecada com temperos variados e pimentas. O angu de canjica é feito da farinha de milho branco ou do próprio milho de mungunzá, que em processo de cozimento adquire a condição de papa ou angu. Outro é o angu de quitandeiro, e era servido pelas negras de ganho em suas bancas de quitutes, hoje restringindo-se a alguns pequenos pratos como o vatapá, subsidiário do acarajé e do abará. O angu aparece em muitos cardápios votivos de divindades, ou constituindo-se em alimento isolado, ou comumente complementar de outras comidas, geralmente assados ou frituras à base de azeite de dendê (Rio de Janeiro, Pernambuco, Bahia).

Arroz de hauçá

O arroz é preparado de maneira tradicional, cozido em água e sal. O arroz deve ficar em papa, e isso é feito mexendo-se a panela com uma colher de pau. O arroz pronto e endurecido fica esfriando enquanto a carne-seca é preparada e cortada em tiras, tendo o tempero de sal e cebola. Mistura-se tudo e está pronto o primeiro tipo de arroz de hauçá. Outro procedimento é o seguinte: o arroz é preparado de maneira comum, adicionando-se cebolas, camarões secos, condimentos à base de pimenta e azeite de dendê, sendo os temperos ralados na pedra ou no moinho, tornando-se uma massa de cor que é misturada ao arroz duro, e tiras de carne-seca fritas são colocadas por cima do arroz. O arroz de hauçá também é preparado assim: cozido com o tempero único do ouri (ou ori), não levando nenhum outro tipo de tempero nem sal. A massa de arroz é bem misturada, servindo-se em tigela de louça branca. Há ainda a receita que inclui um molho de azeite de dendê e pimenta, entre outros (Bahia).

Assados de Exu

Os animais sacrificados nas matanças de Exu são preparados seguindo critérios próprios. Os ixés têm sua feitura específica com azeite de dendê, e as carnes são postas em brasa, ficando os assados ao gosto do cardápio de Exu. As carnes de caprinos e aves são tostadas, depois ocupam o peji, e a maior quantidade é servida em ajeum (Rio de Janeiro).

Badofe

Prato feito com cabeça de boi temperada com sal e alho. A carne é cozida com azeite de dendê, camarão, cebola, gengibre, bejerecum e lelecum, em massa; misturando-se bem todos os condimentos, adicionam-se folhas de língua-de-vaca e quiabos cortados como se fossem para um caruru. Come-se o badofe com angu ou acaçá (Bahia).

Baguiri de Nanã

Alimento feito com três bagres fritos no azeite de dendê, temperados com coentro e cebola. Cozinham-se camarões de água doce, recebendo os mesmos temperos e azeite de dendê (Alagoas).

Bife de Ogum

Pedaços de carne bovina em azeite de dendê. A carne é bem condimentada, passando pelos temperos de sal e cebola. O bife é servido em utensílio de barro, colocando-se cebolas adicionais e dendê, completando as necessidades culinárias desse prato de simples execução, mas de alto significado ritual para os adeptos das práticas africanistas. Tal como o bife de Ogum, a carne pode ser assada em grelha e carvão, tostando-se com os temperos em honra a Ogum e também a Exu, em cujo cardápio votivo as carnes fritas e chamuscadas têm alta importância ritual (Rio de Janeiro).

Bobó de inhame

O inhame é cortado em pedaços, cozidos e escorridos em peneira. O azeite de dendê é fervido com os temperos à base de cebola, camarão seco, sal e gengibre. O tempero é preparado em massa, adicionando-se camarões inteiros. O inhame é pilado misturando-se os temperos, mexendo sempre com a colher de pau. O bobó de inhame é prato principal ao acompanhante de carnes ou de peixes. Nas Casas de Mina e de Nagô, é chamado e conhecido por abobó, podendo também ser feito com feijões-brancos e sendo importante elemento da culinária dos voduns. Observamos também o bobó preparado com raízes de aipim, substituindo a massa de inhame. Ainda há o bobó de fruta-pão, sendo de uso mais restrito, mas, no entanto, os mesmos procedimentos culinários são mantidos (Maranhão, Rio de Janeiro).

Boi de inhame

Alimento ritual preparado com uma raiz de inhame cozida em azeite de dendê, sendo que o cozimento não é demorado. O inhame é colocado em um recipiente, quando recebe palitos de madeira, servindo de enfeite e representação simbólica de cunho religioso. O boi de inhame é alimento característico do orixá Ogum (Rio de Janeiro, Bahia).

Bolinhos de dendê

Utiliza-se fubá de milho vermelho. Temperando essa massa com sal e pimenta, coloca-se em forma de bolinhos no azeite de dendê fervendo. Retiram-se os bolinhos na quantidade específica da divindade. É alimento característico de Exu (Alagoas).

Canjerê

Alimento preparado com camarão seco, castanha e amendoim. Os ingredientes são cozidos sem temperos. O canjerê é de fácil preparo, podendo ser servido como alimento subsidiário de carnes e papas (Pernambuco).

Caruru

Utilizam-se quiabos cortados em pedaços pequenos que são lavados para conter um pouco a baba. O quiabo é bem temperado com sal, camarão seco, cebola, amendoim e castanha, podendo ainda levar favas africanas. O caruru tradicional é bem mais complexo em sua feitura, e há necessidade de ervas tais como bertalha, unha-de-gato, capeba, bredo-de-santo--antônio, oió, almeirão, acelga, nabiço, mostarda, espinafre e outras folhas. É comum a utilização de peixes, carne-seca, frangos e frangas que são sacrificados por matanças rituais em honra dos Ibejis ou Erês. Essas carnes são temperadas de modo comum e adicionadas na vasilha de quiabo, ervas e condimentos. É importante a fartura do bom dendê, feito da flor, e assim está pronto o prato da predileção dos Santos Gêmeos. O caruru é servido em gamela de madeira ou tigela de barro em forma redonda. Segundo os preceitos, as crianças comem com as mãos, sem se utilizarem de talheres. Em pequenas nagés, são retiradas porções especiais, indo ocupar lugar nos pejis. É de tradição colocar 3, 7 ou 12 quiabos inteiros no caruru, tornando-se uma obrigação comum mesmo nos carurus de uso profano realizados fora do ciclo de setembro (Bahia, Rio de Janeiro).

Chossum

Alimento preparado com carne de caprino sacrificado em honra aos voduns. A carne é temperada com camarões secos moídos e azeite de dendê, cozinhando-se todas as partes do caprino, menos os miúdos, que são preparados em separado (Maranhão).

Comida de Hangorô

Carne bovina – lagarto inteiro e temperado com camarão seco, cebola e azeite. O caldo do tempero é utilizado para cozinhar o feijão-fradinho, que depois de pronto é colocado numa travessa de cerâmica, cobrindo a carne preparada. Essa comida também é endereçada ao inkice Zingalumbombo. Acompanha esse prato sagrado a banana-da-terra frita em azeite de dendê (Rio de Janeiro).

Doboru

É a tão conhecida pipoca de milho, preparada da mesma maneira das pipocas comuns, colocando-se azeite de dendê ou mel de abelha depois de prontas, no prato ritual do orixá. A pipoca, também chamada de flor, flor de Omolu, flor de Obaluaê, pode ser preparada ainda com o azeite de dendê que colore o milho aberto, através do procedimento de envolvê-lo com as mãos untadas desse produto. O doboru também pode ser guarnecido de coco em pedaços e raspas, aumentando o sabor das pipocas de azeite ou regadas com mel de abelha. Esse alimento também é chamado de boru--boru (Rio de Janeiro, Bahia).

Dovró
Alimento preparado com feijão-fradinho cozido e sem peles. As porções são colocadas em folhas de guarumã com azeite de dendê, deixando cozinhar em banho-maria (Maranhão).

Ebó de Iemanjá
É um prato à base de milho branco. Fica na água para amolecer, e depois é cozido com os temperos de camarão seco, cebola, sal e azeite de dendê. É alimento de predileção de Iemanjá, sendo servido em utensílio de louça (Rio de Janeiro).

Ecuru
É um alimento preparado com feijão-fradinho, seguindo os mesmos procedimentos para o acarajé. A massa temperada é cozida em porções envoltas em folhas de bananeira. É preparada com mel de abelha em quantidade, um pouco de sal e um pouco de azeite de dendê, tornando-se uma farofa especial que é servida como prato isolado ou acompanhando outros alimentos rituais dos deuses africanos (Bahia, Rio de Janeiro).

Edeum maior de Omolu
Alimento feito com queijo do reino, presunto, doboru sem sal e azeite de dendê. No utensílio de Omolu, arrumam-se

o queijo e o presunto, colocando-se em seguida os doborus e o azeite de dendê em quantidade (Alagoas).

Efó

Utilizam-se folhas cozidas de língua-de-vaca passadas pela peneira. Depois são amassadas com condimentos, azeite de dendê, camarão seco, sal e outros produtos comuns. O peixe é preparado em separado sem nenhum tempero. A carne é desfiada e misturada com as folhas preparadas da língua-de-vaca, e os produtos todos são levados ao fogão. O efó também pode ser preparado com folhas de mostarda em substituição à língua-de-vaca, mantendo todos os rigores do preparo desse prato, consumido com arroz branco (comum) ou de hauçá (Bahia, Rio de Janeiro).

Eguedê

Banana frita em lascas. O eguedê é preparado com azeite de dendê, alimento complementar de outros pratos, geralmente os condimentados. É comum o consumo de eguedê com farofa de dendê (Bahia, Rio de Janeiro).

Ejá de Iemanjá

Prato preparado à base de peixe temperado com cebola, sal, limão, coentro e azeite de dendê. O peixe é cozido com os produtos, podendo ser acrescidos outros condimentos, como favas africanas e ervas especiais. O ejá é um peixe de preparo similar aos moquecados consumidos na culinária profana (Rio de Janeiro).

Eká de Exu

O mesmo que Padê de Exu (Pernambuco).

Eofupá e Eofunfum

Prato preparado com inhame. Tempera-se com azeite de dendê, misturando-se as raízes, tornando-se uma papa. O inhame cozido ainda quente, e amassado sem o azeite de dendê, é chamado de eofunfum (Pernambuco).

Erã peterê

Pedaços de carne fresca no azeite de dendê. A carne, apenas temperada com sal e no azeite bem quente, é mal frita e depois oferecida ao orixá específico. Geralmente, acompanha outro prato condimentado ou com farofa de dendê. O erã peterê, após sua feitura, é colocado em prato específico, podendo-se adicionar molhos especiais conforme o motivo do preceito ou a obrigação ritual (Bahia).

Farofa de dendê

Popular e de consumo variado, a farofa de dendê é alimento característico e marca a presença ritual dos deuses africanos nas mesas brasileiras. A farofa de dendê é preparada com farinha de mandioca, dendê e sal. Também pode ser preparada com cebola, camarões fritos ou em massa condimentada. É conhecida por farofa de azeite, farofa amarela e farofa de azeite de dendê, complementar de muitos rituais profanos e de muitos pratos. É chamada de mi-ami-ami quando é endereçada ao Padê de Exu. Além da farinha de mandioca comum, podem ser utilizadas a de guerra ou a farinha de pau. Adiciona-se um pouco de aguardente, tempera-se com um pouco de sal e mel de abelha, seguindo os preceitos votivos ligados a Exu, incluindo-se a maneira de preparar. O Padê de Exu é um ato que precede qualquer cerimônia de cunho privado ou público dos terreiros africanistas (Bahia, Rio de Janeiro).

Feijão de azeite ou omolocum

Prato preparado com feijão-fradinho cozido em água e temperado com sal. O feijão é bem cozido e passado na peneira. É preparada uma massa de camarão seco, cebola, azeite de dendê e sal, que é misturada com o feijão que está seco, tornando-se uma comida de atraente sabor. O prato é complementado com ovos cozidos. O omolocum também pode ser feito com feijão-branco. Geralmente, o omolocum completa pratos à base de peixe ou é consumido com farofa de dendê. É um dos pratos mais populares da culinária ritual afro-brasileira (Bahia, Rio de Janeiro).

Feijão de Omolu

Alimento ritual de Omolu, preparado com feijão-preto, contendo carne de porco sacrificado em honra desse orixá. Tempera-se com camarão seco, sal e azeite de dendê (Rio de Janeiro).

Feijoada de Ogum

O feijão preparado com os temperos comuns, tais como coentro, cebola, sal e outros condimentos, é servido com as carnes da tradicional feijoada que contém peles, toucinho, linguiça, partes do porco e carne-seca. O feijão com fortes condimentos é preparado geralmente ao ar livre, em grande panelão, ao fogo brando, cozinhando-se lentamente os produtos. A prática exige que todos os participantes da feijoada consumam a comida sem utilizar talheres, colocando boas porções de farinha de mandioca, preparando, assim, pequenos bolinhos. As filhas de santo, em volta dos pratos armados em esteiras no chão do terreiro, aguardam a vinda dos orixás, e os atabaques tocam em honra de Ogum. Quartinhas com sangue de sacrifício e inhame cozido com azeite de dendê centralizam a esteira. Após a vinda dos orixás, os pratos com a feijoada são levados ao salão e vão ocupar lugar no peji do santo homenageado. Toda a assistência participa comendo do mesmo feijão que foi servido, em parte, no início do ritual. As quantidades são repetidas, de acordo com a vontade de cada um. Os ogãs, os músicos e os demais iniciados também participam do banquete. A feijoada de Ogum é servida às 12 horas em data próxima ou no dia 13 de junho, dia de Santo Antônio. Seu preparo é de alto significado ritual, representando a união do trabalho e da fé (Bahia, Rio de Janeiro).

Ipeté ou Peté

Alimento preparado com raiz de inhame descascada em pequenos pedaços e cozida em água e sal. O inhame, bem cozido, é misturado com os temperos de massa de camarão seco, cebola e azeite de dendê. O ipeté, ou peté, é alimento de uso restrito, especialmente situado nos preceitos públicos de Oxum, que recebe o nome do seu alimento principal, o Ipeté (Bahia, Rio de Janeiro).

Ixé

Alimento ritual preparado com os miúdos e demais órgãos dos animais sacrificados nos rituais de matança. Os cozimentos e temperos das partes específicas ficarão condicionados às divindades que serão alimentadas, ligando, também, essa comida ao tipo de cerimônia. O ixé é de grande importância para as práticas dos terreiros, pois o alimento retirado dos animais da matança é de fundamento para o culto, sendo parte integrante do próprio axé. O ixé é guardado no santuário até sua ritual retirada, que é acompanhada com os mesmos preceitos e rigores do seu oferecimento: no período de três ou sete dias, o ixé é colocado nos assentos das divindades, seguindo-se da limpeza pelo ossé dos objetos do santuário. O ixé é a união da divindade aos animais votivos que funcionam para os rituais afro-brasileiros como verdadeiros prolongamentos das atribuições mágicas dos próprios mitos. Poderá ocorrer o uso de azeite de dendê (Bahia, Rio de Janeiro).

Milho de Iemanjá

O milho branco é cozido e a água é retirada, deixando o milho bem solto. Adiciona-se pequena porção de azeite de dendê, colorindo o milho por inteiro. O alimento é colocado em tigela de louça e está pronto para ser servido ao orixá em seu peji (Rio de Janeiro).

Milho de Oxumaré

A massa de milho vermelho, depois de ficar em vasilha com água, é preparada com azeite de dendê em pedaços de folha de bananeira, onde as porções são colocadas. O alimento é posto no prato do orixá, podendo receber mais porções de azeite de dendê, estando pronto para ocupar o seu lugar no peji do orixá (Rio de Janeiro).

Moqueca de peixe

Peixe preparado com os condimentos comuns à base de coentro, cebola, sal e limão, além do vinagre. O peixe é colocado para cozinhar com pimenta-malagueta, tomate e azeite de dendê, sendo também comum e de tradição preparar a moqueca de peixe com dois tipos de azeite: o de oliva, ou doce; e o de cheiro, ou de dendê (Bahia).

Monofum

Alimento ritual preparado com quiabos em pedaços e azeite de dendê, colocando-se após um bolo de fubá de arroz no mesmo utensílio (Maranhão).

Ocasseô

O ajapá, após o sacrifício em honra a Xangô, é preparado para o ocasseô com carne temperada, utilizando-se de coentro, sal, cebola ralada e azeite de dendê. A carne, depois de algum tempo no tempero, é passada pelo moinho, formando espécies de bolos, que, depois de enrolados, são postos em folha de bananeira e vão ao fogo em banho-maria. Depois de prontos, são colocados no casco do ajapá e servidos, dentro dos preceitos penitentes, ao orixá em seu peji (Rio de Janeiro).

Padê

É um alimento ritual que caracteriza o início das cerimônias dos terreiros de Candomblé. O padê é endereçado a Exu, servindo de alimento votivo que condiciona a ação do mensageiro dos deuses, bem como de suas propriedades mágicas. O padê é feito de farofa de dendê em recipiente especial, farofa branca e quartinha contendo água, podendo ainda ter o complemento de acaçá e mesmo do acarajé. Esse conjunto de alimentos é denominado padê.

Quibolo

Alimento feito à base de quiabos cortados e azeite de dendê, levando sal e cebola ralada. Após o cozimento, mistura-se uma papa feita de fubá de arroz, adicionando-se também as carnes das matanças devidamente cozidas em separado. Todos os alimentos ocupam um único utensílio, servindo, assim, ao santuário específico (Alagoas).

Quibombo

Prato preparado com quiabo e azeite de dendê. Amassado, torna-se uma espécie de alimento pastoso, tendo o acompanhamento de carnes, ou é servido o quibombo puro (Bahia).

Xinxim de folha de mostarda

É um alimento preparado com a folha de mostarda cozida, temperada com sal e azeite de dendê. Depois de pronto, pode-se misturar pipoca sem sal (Rio de Janeiro).

Xinxim de galinha

Prato preparado com carne de galinha em pedaços, levando os condimentos de cebola, sal e alho ralado em pedra ou moinho. Após o cozimento, colocam-se camarões secos, cebolas e sementes raladas, tudo com muito azeite de dendê. Os miúdos não entram na preparação dessa comida, podendo constituir outro prato (Bahia, Rio de Janeiro).

Zoró

É um alimento preparado com quiabos cortados em rodelas e camarões ensopados. O tempero é à base de coentro, cebola e sal, que, ralados em massa, são adicionados com o azeite de dendê. O cozimento não é demorado e o quiabo, ainda um pouco duro, é retirado do fogo, sendo, em seguida, temperado com os ingredientes assinalados. Depois, está pronto para ser servido nos santuários, seguindo os preceitos necessários (Rio de Janeiro).

RECEITAS COM DENDÊ: NA ÁFRICA E NO BRASIL

As receitas são verdadeiros conjuntos de conhecimentos técnicos das diferentes "cozinhas", principalmente o conhecimento de memórias, de costumes, de interpretar ingredientes, de representar os sabores na vida e nas histórias de famílias, de comunidades e de povos.

Cada receita é um registro patrimonial, uma experiência que deseja ser transmitida e, em especial, experimentada nos rituais do cotidiano e das festas. Assim, cada receita é vivificada em forma, cor e sabor, para ser então interpretada e reconhecida, ou, se é uma descoberta, iniciam-se novos sentimentos à boca.

As receitas de dendê determinam territórios, inicialmente no continente africano, e carregam suas marcas que ampliam sua civilização para as Américas e o Caribe. Pois o azeite de dendê é um distintivo cultural africano, assim como acontece com o azeite de oliva para a civilização mediterrânea.

Algumas receitas mostram a variedade de uso do dendê inclusive como doce, um caso de destaque da cozinha angolana.

Na nossa cozinha de matriz africana, dá-se um primeiro reconhecimento do dendê por seu cheiro, sua cor, seu sabor, sua referência aos povos da costa ocidental africana.

Então, cada receita aqui selecionada é um texto, uma referência que expõe a extensa produção de comida identificada como de matriz africana no Brasil.

E assim o dendê vigora e se amplia nas receitas tradicionais, e nas muitas e novas maneiras de se interpretar esse "azeite", e outros produtos do "igi opé" – dendezeiro.

NA ÁFRICA

ANGOLA

Calulu de peixe

Ingredientes: 500 g de peixe seco; 500 g de peixe fresco; sumo de 3 limões; 100 g de cebola; 200 g de tomate; 250 g de quiabos; 500 g de folha de batata-doce; 2 dentes de alho; 100 ml de azeite de dendê; 250 g de abóbora; 100 g de mandioca.

Modo de fazer: Põe-se o peixe seco de molho, mas sem retirar todo o sal. Tempera-se o peixe fresco com alho, sal, e um pouco de sumo de limão. Cortam-se em pedaços os tomates (sem pele e sem semente), a cebola, a mandioca e a abóbora; e os quiabos são cortados em rodelas. Numa panela, colocam-se, em camadas alternadas, um pouco de peixe seco, um pouco de peixe fresco, a cebola, o tomate, os quiabos, a folha de batata-doce, a mandioca e a abóbora. Então se acrescenta o azeite de dendê para se levar ao fogo até cozinhar.

Nota 1: Serve-se com funje (pirão de milho ou de mandioca) ou com feijão preparado no azeite dendê.

Nota 2: A folha de batata-doce pode ser substituída por espinafre.

Banana frita

Ingredientes: 8 bananas; 1 xícara (chá) de farinha de trigo; azeite de dendê o suficiente para fritar.

Modo de fazer: Descasque e corte em rodelas grossas as bananas. Passe-as na farinha de trigo. Depois, coloque-as para fritar no azeite de dendê bem quente.

Nota: Acompanhamento tradicional para carnes e peixes.

Mafefede (Caldo de peixe)

Ingredientes: 2 peixes secos (tainhas); 1 xícara (chá) de arroz; 1 cebola grande; 2 pimentas-malaguetas; 5 colheres (sopa) de azeite de dendê.

Modo de fazer: Cortam-se as tainhas em postas. Numa panela, acrescenta-se o óleo e se refoga a cebola cortada em rodelas e as malaguetas desfeitas. Deixa-se dourar. Então, acrescentam-se duas xícaras de água. Logo que levantar fervura, colocam-se o arroz e as postas de peixe. Deve ficar na forma de um caldo.

Nota: É um acompanhamento para baguiche (legume semelhante ao espinafre) e jaguetes (espécie de tomate) cozidos.

Muamba de dendém

Ingredientes: 15 bagos (frutos) de dendém (dendê); ½ litro (ou um pouco mais) de água.

Modo de fazer: Lavam-se os bagos de dendém, que são postos para cozinhar na água. Quando estiverem cozidos, passam-se os bagos para outra tigela, onde são socados com pilão. Junta-se a água do cozimento ainda quente, mistura-se bem e passa-se em peneira ou coador.

Nota: A proporção (½ litro de água para cada 15 bagos) deve ser mantida para fazer quantidades diferentes da receita.

Muamba de peixe

Ingredientes: 30 talos de folhas de abóbora; 250 g de quiabos; 1 ½ kg de peixe (corvina, garoupa, pargo, pescada); 300 g de cebola; 2 berinjelas; 2 dentes de alho; sal a gosto; pimenta a gosto; 200 ml de azeite de dendê; ½ xícara (chá) de muamba de dendém.

Modo de fazer: Lava-se, prepara-se e se corta em postas o peixe. Tempere com sal e reserve-o. Descascam-se e se picam a cebola e o alho. Descascam-se e se cortam em rodelas as berinjelas. Colocam-se sobre um passador, temperando-se com sal. Depois de 10 minutos, passam-se por água e se secam as berinjelas com um papel absorvente. Descascam-se e se cortam em cubos os talos das folhas de abóbora. Tiram-se os pés e se cortam em rodelas os quiabos. Num tacho, refogam-se a cebola e o alho no azeite de dendê. Adicionam--se as berinjelas, a abobrinha, os quiabos e a muamba de dendém, deixando-se guisar um pouco em lume brando. Rega-se com água. Acrescenta-se o peixe. Tempera-se com sal, se necessário, e pimenta. Deixa-se o peixe cozinhar por cerca de 10 minutos, acrescentando água, se necessário; mas de modo que o molho fique grosso. Serve-se com funje (pirão de farinha).

Nota: Se for necessário, adicione uma colherzinha de farinha de mandioca para engrossar o molho.

Muzongué

Ingredientes: 1 kg de peixe fresco (garoupa, goraz ou pargo); 250 g de peixe seco; 100 ml de azeite de dendê; salsa a gosto; 500 g de batata-doce; 30 g de tomate; 250 g de mandioca; sal a gosto; pimenta a gosto.

Modo de fazer: Lava-se, prepara-se e se corta em postas o peixe fresco. Corta-se em cubos o peixe seco. Descascam--se e se cortam em rodelas as cebolas. Pela-se, tirando-se as sementes, e se corta em pedaços o tomate. Descascam-se e se cortam em cubos a batata-doce e a mandioca. Põem-se 2 litros de água ao lume com o azeite de dendê, o tomate e a cebola. Tempera-se com sal e salsa a gosto. Deixa-se ferver um pouco. Em seguida, juntam-se a batata-doce, a mandioca e a pimenta pisada. Então se deixa ferver por mais cerca de 10 minutos. Juntam-se então o peixe fresco e o peixe seco, e se deixa cozinhar por mais 10 minutos até que esteja tudo cozido. Serve-se acompanhado de pirão de azeite de dendê ou de funje.

Nota: Caso o peixe seco esteja muito salgado, convém colocar de molho por cerca de 1 hora.

Quipicu

Ingrediente: Feijão-manteiga a gosto; azeite de dendê a gosto; sal a gosto; pimenta a gosto; farinha de pau a gosto.

Modo de fazer: Põe-se o feijão de molho na véspera. Cozinha-se muito bem numa panela com água. Escorre-se e se tempera com um pouco de azeite de dendê, sal e pimenta a gosto. Rega-se com um pouco da sua água de cozedura. Polvilha-se com umas colheradas de farinha de pau. Leva-se ao lume para apurar e cozinhar a farinha. É um ótimo acompanhamento para pratos de peixe.

Nota: A farinha de pau é a mesma farinha de guerra, farinha suruí, farinha seca ou farinha de mesa, a farinha de mandioca fina e clara.

Quitande

Ingredientes: Feijão-branco a gosto; azeite de dendê a gosto; caldo de carne a gosto; pimenta a gosto; farinha de pau a gosto.

Modo de fazer: Demolha-se o feijão-branco. No dia seguinte, leva-se ao lume uma panela com água de cozedura de carnes e coze-se muito bem o feijão, de modo a que fique praticamente desfeito. Reduz-se a purê. Tempera-se com azeite de dendê e pimenta. Leva-se ao lume, mexendo sempre. Polvilha-se com farinha de pau e se serve para acompanhar peixe frito, carne assada ou um churrasco.

Dendéns em calda

Ingredientes: 1 kg de dendéns; 1 kg de açúcar; 1 colher (café) de erva-doce; 1 casca de limão.

Modo de fazer: Lavam-se e se cortam as pontas dos dendéns. Dão-se 2 golpes no sentido longitudinal de cada dendém. Num tacho largo, deita-se a casca de limão e se dissolvem o açúcar e a erva-doce em água. Leva-se ao lume até obter uma calda leve. Juntam-se os dendéns, deixando-se cozer em lume brando e mexendo de vez em quando. Servem-se frios cobertos pela calda de açúcar.

SÃO TOMÉ E PRÍNCIPE

Calulu

Ingredientes: 1 galinha; 1 cebola grande; 2 limões; 3 berinjelas; 2 tomates; 1 folha de louro; 2 pimentas-malaguetas grandes; 3 colheres (sopa) de azeite de dendê; 5 quiabos; 4 colheres (sopa) de farinha de trigo; 1 raminho de folhas de mosquito; 2 maquequês; sal a gosto.

Modo de fazer: Corta-se a galinha em pedaços, temperando-se com sal e sumo de limão. Acrescenta-se a cebola picada. Descascam-se os maquequês, partindo-os em quatro; as berinjelas são descascadas e cortadas em pedaços, fazendo o mesmo com os tomates. Os quiabos são cortados em rodelas. Numa panela, colocam-se todos os ingredientes, e leva-se ao fogo para ferver. Quando iniciar a fervura, acrescenta-se água fria até cobrir tudo, e deixa-se até que o frango esteja cozido. À parte, dilui-se a farinha num pouco de água fria, e leva-se ao fogo. Então, acrescenta-se essa mistura na panela para engrossar o molho. No fim, é colocado o raminho de mosquito. **Nota 1**: Maquequê: fruta africana semelhante ao tomate e de sabor próximo ao da berinjela. **Nota 2**: Mosquito: nome popular de erva aromática (espécie de manjericão).

NIGÉRIA

Egbo

Ingredientes do egbo: ½ kg de milho branco de canjica; 2 litros de água para demolhar e lavar o milho; 1 ½ litro de água para cozinhar.

Ingredientes do molho de pimenta: ½ xícara (chá) de óleo de palma; 1 colher (chá) de pó de pimentão; 4 pimentas frescas; 2 tomates grandes; 1 cebola média; sal a gosto; 2 cebolinhas (folha de cebola) picadas.

Modo de fazer o egbo: Deixe o milho de molho em uma tigela, com os 2 litros de água, durante a noite. Escorra e lave. Depois despeje-o em uma panela para cozinhar em 1 ½ litro de água, até ficar macio. Se necessário, adicione mais água. Quando o milho estiver cozido, misture com uma colher de pau, esmagando enquanto mexe. Sirva quente com o molho de pimenta.

Modo de fazer o molho de pimenta: Enquanto o milho cozinha, aqueça o azeite por 10 minutos. Reduza o fogo e deixe para esfriar um pouco. Adicione o restante dos ingredientes ao azeite quente e, mexendo sempre, frite os temperos para fazer um molho saboroso. Adicione as folhas de cebola picada e cozinhe por 10 minutos.

Masah

Ingredientes: 3 xícaras de farinha da terra (farinha de milho); 1 xícara (chá) de azeite de dendê; 1 colher (sopa) de açúcar; 2 colheres (chá) de fermento biológico seco; ¾ de xícara (chá) de água morna.

Modo de fazer: Dissolva o açúcar na água morna, em uma tigela. Misture o fermento na água e tampe a tigela. Deixe repousar até a mistura ficar espumosa. Misture a farinha de milho e deixe por cerca de 30 minutos, até crescer. Depois misture bem e, em um pano macio, coe ligeiramente soltando a consistência. Em uma frigideira pequena, aqueça um pouco do azeite, apenas o suficiente para cobrir a base da panela. Frite uma colherada da mistura de cada vez. Na metade do cozimento, vire o "masah" para fritar do outro lado. Frite em fogo baixo para permitir que o "masah" cozinhe sem queimar. Sirva o "masah" quente com mel silvestre.

NO BRASIL

Arroz de hauçá

Ingredientes para o arroz: 2 xícaras (chá) de arroz; ½ xícara (chá) de fubá (farinha) de arroz.

Ingredientes para o molho: 500 g de charque; 1 ½ xícara (chá) de camarão seco descascado e moído; 1 xícara (chá) de camarão seco inteiro; 2 cebolas; 100 ml de dendê; 3 pimentas-malaguetas frescas e 3 secas; sal a gosto.

Modo de fazer o arroz: O arroz é posto para cozinhar, em água sem sal, até adquirir uma consistência glutinosa; caso isso não aconteça, acrescente o fubá de arroz.

Modo de fazer o molho: O charque deve ser escaldado para retirar o excesso de sal; e, depois de cortado em forma de cubos pequenos, é posto para refogar na sua própria gordura com a cebola. Na sequência, em outra panela, põem-se o dendê, os camarões moídos, as pimentas e o sal para se fazer outro refogado. Então, misturam-se o charque e os camarões inteiros a esse refogado. Está pronto o molho.

Nota 1: O arroz é colocado numa fôrma redonda, ou numa tigela, para adquirir a sua forma. Então, o arroz é desenformado, e no centro, com uma colher, escava-se o local para se colocar o molho até que transborde.

Nota 2: O molho pode ser feito com charque frito no azeite de dendê; e o prato guarnecido com rodelas de bananas fritas no dendê. Esse molho é utilizado para o arroz feito apenas na água e no sal.

Nota 3: Outro molho é o de azeite de dendê feito com as pimentas-malaguetas raladas e misturadas com o charque frito e as cebolas.

Vatapá

Ingredientes: 10 pães pequenos; o leite de 1 coco; 250 g de camarão seco; 1 pedaço pequeno de gengibre; 50 g de amendoim torrado; 50 g de castanha-de-caju; 2 cebolas grandes; 250 g de camarão fresco; 500 g de peixe; 200 ml de azeite de dendê; sal a gosto.

Modo de fazer: Colocar os pães de molho no leite de coco até amolecerem. A massa resultante é batida com uma colher de pau até ficar homogênea. Os camarões secos, o gengibre, o amendoim, a castanha-de-caju e a cebola são triturados para formar um molho grosso. Numa panela, colocar a massa de pão, o molho grosso e o dendê; levar ao fogo, mexendo sem parar até cozinhar. Acrescentar o camarão fresco e o peixe cozido, em pedaços. Depois de tudo pronto, coloca-se um pouco mais de dendê.

Nota 1: O camarão pode ser substituído pela sobra de um peixe de coco, pois o vatapá tradicional é uma receita que nasce do aproveitamento de ingredientes.

Nota 2: Essa receita pode ser feita com charque, frango, porco, peixe seco e bacalhau, que, embora seja um peixe seco, na cultura gastronômica ganha categoria diferenciada.

Nota 3: O estilo tradicional do vatapá pernambucano utiliza menos azeite de dendê e uma maior quantidade de amendoim.

Nota 4: Provavelmente o vatapá é uma interpretação afro--brasileira e nasce da "açorda portuguesa", que é um prato à base do aproveitamento do pão, com complementos como azeite de oliva, camarões frescos e temperos.

Abadó

Ingredientes: 500 g de milho branco; 1 cebola; 200 g de camarão fresco; 100 ml de azeite de dendê; sal a gosto.

Modo de fazer: Põe-se o milho de molho no dia anterior. Cozinha-se o milho em água, sem sal. Após cozido, escorre-se o milho. Numa panela, faz-se um refogado com a cebola, o camarão, o azeite de dendê e o sal. Depois, mistura-se o milho a esse refogado.

Caruru

Ingredientes: Leite de 2 cocos; 1 kg de camarão descascado; 40 quiabos; 2 tomates; 1 cebola; 1 colher (sopa) de vinagre; 2 colheres (sopa) de azeite de dendê; 150 g de bacalhau; ½ xícara (chá) de farinha de mandioca; 2 colheres (sopa) de azeite doce; 1 pedaço pequeno de gengibre; 10 dentes de alho; 2 folhas de louro; pimenta-do-reino e sal a gosto.

Modo de fazer: Numa panela, misture o leite de coco, o gengibre, a pimenta, o louro, a cebola, o tomate, o vinagre e o azeite doce. Tudo vai para o fogo até chegar à fervura.

Em outra panela, cozinham-se os quiabos que foram cortados em rodelas. Depois de cozidos, escorra a "baba" do quiabo; e, aí, misture-os com o molho feito anteriormente. O bacalhau e os camarões, já cozidos e moídos, são agora também acrescentados. Então, para finalizar, inclua a farinha de mandioca e o azeite de dendê e mexa até engrossar.

Nota 1: O caruru pode ser feito a partir de um refogado de azeite de dendê, castanha-de-caju, amendoim, cebola, camarão seco e sal; e depois acrescentam-se os quiabos em rodelas. Por tradição, colocam-se, no caruru que é oferecido a Cosme e Damião, sete quiabos inteiros.

Nota 2: Há também o caruru de Santa Bárbara, em que a baba do quiabo é mantida, e também se utiliza maior quantidade de azeite de dendê na receita. O acarajé é um complemento tradicional deste prato.

Nota 3: O caruru é um prato que, também, pode ser feito com língua-de-vaca (folha), taioba e mostarda (folha), sendo feito à base de dendê e camarões secos.

Nota 4: Os acompanhamentos para o caruru são: o arroz glutinoso, com pouco sal, e o acaçá branco.

Beguiri

Ingredientes: 100 quiabos; 1 litro de azeite de dendê; 1 rabo de boi completo; 200 g de amendoim triturado; 200 g de castanha triturada; 1 kg de camarão seco; 2 pimentas-malaguetas; 200 g de cebola cortada em cubinhos; sal a gosto.

Modo de fazer: Corte os quiabos em formato de bico de gaita, lave-os com água morna e reserve-os numa urupemba (peneira). Refogue a carne (rabo de boi) com todos os outros ingredientes, respeitando a seguinte ordem: azeite, cebola e sal; quando a carne estiver cozida, coloque o quiabo, mexendo sempre, até reduzir. Então, acrescentam-se o camarão, as pimentas, a castanha e o amendoim.

Nota: É um prato tradicionalmente apimentado. E podem-se incluir diferentes pimentas.

Ipeté

Ingredientes: 1 kg de inhame; 200 g de camarão seco; 1 cebola; 200 ml de azeite de dendê; sal a gosto.

Modo de fazer: O ipeté ou peté é feito a partir da massa de inhame cozido. O inhame é cozido na água sem sal até que fique bem mole, para se fazer um purê. Então, a ele acrescentam-se o refogado feito com a cebola, o azeite de dendê e os camarões secos, misturando com uma colher de pau.

Nota: O bobó, ou bobó de camarão, é uma receita que pode ser feita a partir da massa de inhame, macaxeira ou fruta-pão, acrescido de camarão fresco. É uma variação do ipeté.

Acarajé

Ingredientes: 1 kg de feijão-fradinho; 3 cebolas médias raladas; 1 litro de azeite de dendê; sal a gosto.

Modo de fazer: Na véspera, deixe o feijão de molho na água fria. Descasque-o e passe-o no moedor. Misture, à massa do feijão, a cebola ralada e o sal. Prepare a massa "batendo-a" com uma colher grande para ficar homogênea e aerada. O dendê é posto para ferver. Com o uso de uma colher, são definidas as porções de massa que serão fritas no dendê.

Nota 1: Podem-se acrescentar, à massa do acarajé, a pimenta-malagueta e o camarão seco moídos. Ainda, pode-se acrescentar gengibre.

Nota 2: O acarajé tradicional é consumido puro.

Nota 3: O tamanho tradicional do acarajé é o de uma colher de sopa. Contudo, o mais ocorrente é o do tamanho de uma escumadeira.

Nota 4: Há diferentes tipos de molhos e de recheios para acompanhar o acarajé: camarão seco; pimentas e dendê; vatapá de acarajé; caruru; e salada (cebola e tomate). **Nota 5**: O acarajé, no formato da colher de sopa, pode receber um camarão seco sobre ele antes da fritura. Utiliza-se também o óleo de soja para a fritura.

Omolocum

Ingredientes: 1 kg de feijão-fradinho; 200 g de cebola picada; 300 g de camarão seco triturado; 100 ml de azeite de dendê; 8 ovos cozidos; 250 g de camarão-cinza; sal a gosto.
Modo de fazer: Cozinha-se o feijão-fradinho só em água. Depois de bem cozido, escorre-se o feijão. Em seguida, é preparado um refogado com cebola ralada, camarão seco, dendê e sal. Mistura-se o feijão ao refogado; e aí se acrescentam os ovos cozidos inteiros e os camarões frescos também cozidos.
Nota 1: O omolocum é colocado em uma tigela, e acrescentam-se os ovos cozidos, descascados, que são intercalados com os camarões-cinza, inteiros.
Nota 2: O omolocum pode ser complementado apenas com os ovos cozidos.

Farofa de azeite

Ingredientes: 1 kg de farinha de mandioca; 200 ml de azeite de dendê; sal a gosto.
Modo de fazer: Numa panela, aqueça o azeite de dendê e vá, aos poucos, acrescentando a farinha de mandioca e o sal, mexendo sempre.
Nota 1: A essa receita, podem-se acrescentar camarões secos inteiros na sua finalização.
Nota 2: Pode-se também fazer a farofa a partir de um refogado de azeite de dendê, cebola, sal, pimenta e camarões secos.

Nota 3: A farofa de azeite ou farofa de dendê é um acompanhamento para diferentes pratos à base de galinha, de porco e de carne bovina. Ainda integra o cardápio do caruru, do vatapá, do xinxim, do omolucum e de outros pratos de referência africana.

DA NIGÉRIA À BAHIA: UMA ETNOGRAFIA COMPARADA DAS COMIDAS COM DENDÊ

DO ÀKARÀ NIGERIANO AO ACARAJÉ BAIANO

Sem dúvida, a comida não é apenas para ser comida. Ela é um amplo e complexo processo de simbolizações, de referências e de construções ideológicas daquilo que é nacional ou regional; e ainda expõe as muitas idealizações sobre as recuperações patrimoniais das matrizes étnicas de um povo.

E há muitos povos e culturas africanas existentes no Brasil e, em especial, na Bahia, que nos caracterizam como um território que é autenticado por essa africanidade. Em destaque, o acervo culinário que atesta as memórias ancestrais e afirmam as presenças dessas culturas.

Porém, são muitas e diferentes "Áfricas" que foram construídas e reinventadas ao longo do caminho da diáspora, como é o caso da afrodescendência no Brasil, considerada a maior do mundo.

E o nosso tão estimado acarajé está vinculado a um ideal de matriz africana, a um entendimento de África-Mãe. Ele é um caso exemplar, que vai muito além de um bolinho feito de feijão-fradinho, sal e cebola, frito no azeite de dendê, pois o acarajé marca uma permanência africana.

Também as nossas escolhas alimentares se integram à música, à dança, ao teatro popular, às festas religiosas, à língua que falamos. Porque tudo isso é marcado por elementos civilizadores que comunicam o que é afro e o que é afro-baiano.

Assim, o acarajé passa a ser um emblema que se incluiu na elaborada e complexa construção religiosa do Candomblé e mostra que na diáspora houve uma forma eficaz de marcar identidade através da comida e do sagrado.

O Candomblé traz importantes bases rituais e culinárias por meio de ingredientes e de comidas que têm os seus oferecimentos marcados pelo respeito aos momentos de comensalidade religiosa. Um exemplo é a festa de Iansã ou Oyá, realizada em alguns terreiros que rememoram o ofício das baianas de acarajé, em que, num momento da liturgia, o orixá oferece ao público, numa gamela ou num tabuleiro, o acarajé.

Segundo os itãs, histórias sagradas que são transmitidas oralmente há milênios pelos Yorubás, Iansã é a mulher do orixá Xangô, e ela descobre que também tem o poder de botar fogo pela boca.

Então, o acarajé afro-baiano passa a ser interpretado, numa etimologia idealizada, como "bola de fogo", numa alusão à orixá Iansã, que no imaginário sagrado é a dona do acarajé. Sabe-se que, etimologicamente, na língua Yorubá, a palavra *àkarà* significa bolo ou pão, e a palavra *je* é o verbo comer; então, acarajé significa bolo de comer.

Na África Ocidental, no golfo do Benim, faça-se destaque para a Nigéria e para o Benim, onde o *àkarà* é uma comida feita em casa e que integra o café da manhã, sendo um bolinho de feijão que é frito em diferentes tipos de óleos, inclusive dendê. Este bolinho tem o formato de uma colher de sopa e é acompanhado com moin-moin, pão feito de trigo, e mingau feito à base de milho branco – *ekó*.

Nessa diáspora alimentar, de base nigeriana, o nosso acarajé ganhou um sentido ritualizado. Desse modo, manteve as suas características enquanto comida e símbolo que referenciam as mulheres dos mercados africanos, e que aqui estão representadas nos tabuleiros. São as nossas baianas de acarajé.

DO EFÓ-RIRO DA NIGÉRIA AO EFÓ DA BAHIA

As chamadas comidas verdes, que fizeram parte da diversidade de receitas da diáspora da África Ocidental para o Brasil, possibilitaram cardápios semelhantes nas duas costas do Atlântico. Essas comidas do cotidiano mostram um total aproveitamento dos variados tipos de folhas, que, combinados aos nossos processos culinários, passam a evidenciar um sentimento afrodescendente dominante, que é marcado também pelo uso do dendê.

Assim é o caso do efó, uma comida que faz parte da tradição afro-baiana e que revela na sua receita o uso de diferentes tipos de folhas e insumos com identidade africana, como o peixe salgado e defumado. Atualmente, nos restaurantes, o efó é oferecido sem peixe, sendo apenas um guisado de folhas para acompanhar o arroz branco e a farofa de dendê.

Entretanto, as bases do nosso efó estão na cozinha tradicional nigeriana. Nossas receitas assemelham-se em técnica culinária e mostram um entendimento de que se pode usar desde a folha de mostarda até a folha de couve, cortada em tirinhas, como uma das possibilidades para se fazer um efó.

As receitas nigerianas nomeiam distintas opções de efó. Por exemplo, o **efó-riro** é interpretado como uma sopa vegetal feita com a mistura de vários tipos de folhas. Certamente, a partir das opções de folhas da época. As folhas misturadas são cozidas, temperadas com pimentas frescas e cebolas, e acrescentam-se peixe seco e peixe salgado e defumado, entre outros ingredientes. Esta sopa verde é servida sobre um tipo de massa, que pode ser feita de inhame ou de semolina. Há uma variação desta receita que é feita com **efurim**, um tipo de espinafre africano. Nesta receita, também se acrescentam feijão; partes de carne de porco e de gado bovino, como as usadas na nossa "dobradinha"; camarões secos e salgados; e cubos de caldo de galinha; além de peixe e temperos. Todos esses ingredientes são celebrados no azeite de dendê.

Ainda, há o **efó-soko**, uma receita feita a partir de um tipo de espinafre da região de Lagos (Nigéria), complementada com diferentes tipos de carnes frescas e temperada como as demais receitas.

Dessa maneira, a partir da denominação geral de efó, há outras interpretações desta receita na Nigéria, como: *afang soup, okassi soup, ukasi soup*.

Por tudo isso, o efó na Bahia passa a ser feito com o uso das seguintes folhas: mostarda, quelê, erva-de-santa-maria, capeba, alumã, mastruço, sabugueiro, bredo-de-santo-antônio, bertalha, taioba e língua-de-vaca, que são utilizadas nas receitas separadamente ou misturadas. Contudo, há uma tendência na utilização do espinafre, certamente por uma questão da oferta nas feiras e mercados.

Assim, há um entendimento visual e de sabor que dialoga com os imaginários do efó e do caruru baiano, da couve mineira, do cuxá maranhense, do bredo ao coco pernambucano e das interpretações da maniçoba baiana e da paraense.

E, nesse encontro de tanta diversidade de tipos de comidas verdes, o efó afro-baiano mostra uma forte relação com o que veio do além-Atlântico. Por isso nos restaurantes, nas feiras e nos mercados, diz a tradição que é comum perguntar:

– O efó é de quê?

E geralmente se responde:

– Tem efó de folha e efó de tudo.

DO XINXIM NIGERIANO AO XINXIM BAIANO

As relações entre a Nigéria e a Bahia, desde as técnicas e os processos culinários até as receitas e as interpretações de ingredientes, fazem uma aproximação entre esses povos que foi feita durante o longo caminho da diáspora do continente africano para o Brasil.

São memórias de comidas que marcam as referências sociais nas mesas, nas feiras, nos mercados, nas ruas, nas casas, nos espaços de culto religioso, em que cada comida assume tanto o sentido de símbolo quanto de sabor.

Entre essas comidas, no entendimento afro-baiano, o xinxim é reconhecido pela estética de apresentar, e realizar, receitas em que o ingrediente é cortado em pedaços pequenos. É a técnica do xinxim, que mostra um dos estilos que fazem parte da tradicional cozinha baiana.

Na Bahia, há o clássico xinxim de galinha e, ainda, xinxim de carne do sertão, xinxim de bofe, xinxim de bode e xinxim de carne verde, entre outros ingredientes que possam ser acompanhados por farofas ou pirões.

Diz a tradição que a farofa d'água é o acompanhamento mais indicado. Contudo, a farofa de dendê também integra o cardápio, e as pimentas frescas, nos molhos, para marcar a identidade culinária.

O nosso xinxim afro-baiano é untado de azeite de cheiro e dendê e tradicionalmente temperado com **egunsi**

– sementes de abóbora secas e salgadas –, o que atesta a presença da mão africana na cozinha, uma verdadeira assinatura de sabor. Também, para fazer xinxim, utilizam-se camarões secos e defumados, amendoim e outros temperos de base africana.

O xinxim de galinha está incluído nos cardápios festivos, como acontece no caruru de Cosme e Damião e nas mesas de comida de azeite da Semana Santa, mas ele é servido também no cotidiano.

No entendimento de uso e de resultado culinário, na Nigéria o xinxim é identificado por receitas em que o ingrediente é apresentado em pequenos pedaços. E o xinxim está num circuito alimentar das comidas rápidas, comidas de rua, especialmente as comidas fritas. Em geral, são massas à base de farinha de trigo, e complementadas com outros ingredientes, e que são fritas em diferentes tipos de óleos. Ainda, a maioria dessas frituras é doce.

Há também um entendimento, para os nigerianos, de que o xinxim é um tipo de akará, que em língua Yorubá significa pão, bolo, e que se identifica nas receitas que fritam as massas em pequenas porções.

É com este olhar que faço minhas conexões do xinxim africano, que se pode afirmar que faz parte da técnica do nosso tão celebrado acarajé. Porque o akará africano é preparado em pequenas porções de massa de feijão e frito em diferentes óleos, como o de amendoim, de milho e de dendê.

Assim, as cozinhas ganham suas formas e características na diáspora, e no caso afro-baiano, cozinhas com memórias ancestrais da África, que encontraram suas novas e legítimas identidades nas reinvenções de receitas e de hábitos alimentares.

MOIN-MOIN: UMA COMIDA NIGERIANA QUE É ANCESTRAL DO ABARÁ

Na Nigéria, feijões e inhames de diferentes tipos, e com diferentes nomes locais, formam a sua grande base alimentar, que é acrescida de muitos complementos, como peixes secos, folhas e pimentas.

Como um caso exemplar da cozinha nigeriana, trago o **moin-moin**, um tipo de *onjé itá* – comida de rua –, que é muito popular na alimentação cotidiana.

É feito a partir de uma massa-base com o nosso tão conhecido feijão-fradinho, e que segue uma maneira semelhante de se fazer acarajé e ou abará na Bahia. No moin-moin, também se demolha o feijão e se retira a pele, para depois ser triturado, e aí ele é temperado; pode ser ou não colocado na folha e recebe seus vários complementos.

É interessante notar o uso frequente dos chamados *stock cubes* – tabletes de caldos de carne ou galinha –, que são produtos altamente processados, mas que estão integrados às receitas mais tradicionais, e que seguem técnicas culinárias artesanais.

Pode-se dizer que o moin-moin é um tipo de pudim de feijão cozido no vapor. A massa do feijão-fradinho já moída é temperada com cebola, pimenta-vermelha, pimentão--vermelho, noz-moscada, *crayfish* (camarão de água doce seco e moído), gengibre, alho, sal e óleo de girassol, tablete de caldo de carne e ovo cozido; sendo esta a receita mais usual para se fazer o moin-moin. Ainda, a receita pode receber complementos como peixe cozido e carne moída de gado bovino refogada.

As apresentações do moin-moin podem ser com a massa enformada como um pudim, ou servido em porções, que são colocadas em folhas para serem cozidas, quando a receita passa ser chamada de *moin-moin elewe*.

A folha mais utilizada para embalar o moin-moin é a *ewe eran*, popularmente chamada de cana yorubá macia. Pode-se, então, relacionar esta comida com o nosso abará; sendo que, nas nossas receitas tradicionais, além de receberem camarão seco e defumado e dendê, a massa é embalada em folha de bananeira, para ser cozida no vapor.

Na Bahia, há alguns registros que falam do abará feito também com massa de milho vermelho e os condimentos tradicionais. Outro elemento que une também o nosso abará ao moin-moin é a sua venda enquanto comida de rua e de consumo cotidiano.

Ainda, é importante enfatizar que, além da base histórica e culinária da África Ocidental e, em especial, da Nigéria, para o nosso abará, nós temos uma profunda relação com as cozinhas milenares da América Latina, que trazem receitas chamadas de tamales, que são comidas embaladas em diferentes tipos de folhas e cozidas no vapor.

O moin-moin é consumido sem nenhum tipo de recheio. Já o nosso abará pode ser consumido puro ou seguir o costume dos acompanhamentos, como saladas, vatapá e o apreciado molho grosso de pimentas cozidas no dendê, o molho Nagô.

Sem dúvida, o moin-moin nigeriano e o abará baiano mantêm um longo diálogo culinário.

O AMALÁ NIGERIANO E O AMALÁ BAIANO

As relações entre as comidas do continente africano e da Bahia são muitas, e, a partir destas relações, nascem cardápios que legitimam um encontro entre dois povos. Ainda, há os estilos de se comer à africana na Bahia, que marcam territórios de pertencimento a uma tradição, a uma cultura. E há um ideal "africanizador" que se relaciona com as culturas da África Ocidental e, em destaque, os Yorubás. Com certeza, são muitas as culturas e civilizações do continente africano que fazem parte das amplas relações multiafricanas com o Brasil e, em especial, com a Bahia.

E a comida é uma das maneiras de privilegiar as memórias africanas. Além de formar uma identidade afro-baiana com as manifestações religiosas do Candomblé, em que também muitas das comidas são mantidas e outras reinventadas; pois, na comida, há uma profunda relação com as bases religiosas.

E uma comida muito comum nos terreiros é o amalá, que aqui vamos observar em dois casos, o amalá nigeriano e o amalá baiano.

Na Bahia, o amalá – que é uma comida consagrada nas cozinhas dos terreiros de Candomblé para o orixá Xangô, uma das divindades mais populares e cultuadas no Candomblé – é feito à base de quiabo, azeite de dendê, temperos e muita pimenta e pode ter ou não carne bovina, sendo muito próximo do caruru; e é servido sobre um pirão de inhame ou de farinha de mandioca. Ainda, na composição do prato do amalá, há o acaçá branco como parte desta comida ritual.

Na Nigéria, o *àmalà isu*, o mais popular, é feito à base de farinha de inhame, sendo consumido como uma comida do cotidiano, e pode ser combinado com *onjé ewekó*, ou seja, comidas verdes; e entre elas temos o begueri, que é uma sopa feita à base de quiabos, temperos, peixe fresco, peixe seco e carne bovina, entre outros ingredientes, e que é servida sobre o *àmalà isu*. Há ainda outros tipos de amalá na Nigéria, como o *àmalà láfún*, feito com farinha de mandioca; e o *àmalà ogede*, feito com banana-da-terra. No estilo de *àmalà láfún*, vê-se proximidade, em técnica culinária, com os nossos pirões, que compõem muitos cardápios e integram os nossos hábitos alimentares.

No caso nigeriano, o amalá é uma comida presente nos hábitos alimentares das casas, das feiras e dos mercados. E quase sempre são complementados com alguns tipos de sopa, como: *eru, ewedu, okra, gberi.*

As comidas, no seu reconhecimento estético e nos seus paladares, formam referências e identidades de territórios, e, no caso afro-baiano, o lugar social dessas comidas é preservado nos terreiros de Candomblé. Assim, muitas das comidas do cotidiano africano passaram a ser incluídas nos cardápios votivos dos orixás, como também novas interpretações que buscam aproximação com a Mãe África para afirmar aquilo que é sagrado.

Sem dúvida, numa diáspora, comer as comidas do seu território marca um encontro possível com a sua civilização.

OKRA SOUP: O ANCESTRAL NIGERIANO DO CARURU E DO AMALÁ DA BAHIA

As variedades de quiabos no continente africano e na Ásia apresentam-se nas muitas opções das cozinhas tradicionais. No caso do Brasil, há um amplo cardápio consagrado aos quiabos para o cotidiano, como é o caso das quiabadas, algumas feitas com camarões secos e outras com rodelas de embutidos; e, ainda, com ou sem dendê. Também é tradicional, no Recôncavo, às sextas-feiras, comer o caruru nas casas e nos restaurantes. Para os cardápios das festas, e das cozinhas cerimoniais dos terreiros, especialmente na Bahia, temos o caruru de Cosme e Damião e o amalá de Xangô.

Assim, os quiabos dão reconhecimento para as comidas rituais do Candomblé.

O amalá, na versão afrodescendente, que é feito à base de quiabos, dendê, pimentas, que pode receber carne bovina e demais temperos, aproxima-se muito da *okra soup* nigeriana, como também é o caso do caruru.

E, partir daí, retomo as cozinhas da África Ocidental e, em especial, da Nigéria, com as sopas feitas com quiabos, temperos e camarões secos e moídos, que nos lembram o nosso caruru baiano. No entanto, na Nigéria, há variações com o uso de folhas, como, por exemplo, o espinafre, e o uso do peixe fresco, em que o preferido é o tamboril; ainda, há o uso frequente de *stock cube*, caldo artificial, um ingrediente superprocessado, porém faz um diálogo culinário com esta cozinha que é memorial e ancestral para nós, brasileiros.

Na cozinha afro-baiana, em especial, há muitas formas de interpretar as cozinhas de matriz africana. E a *okra soup*, tão consumida e apreciada na Nigéria, é um tipo de sopa feita à base de quiabos bem frescos, e que pode ser feita com os quiabos cortados em rodelas ou batidos, triturados, o que a transforma num tipo de pasta.

Além de ser uma verdadeira sopa verde, a *okra soup* é uma comida do cotidiano que traz uma grande variedade de insumos, como peixes frescos, camarões secos e folhas verdes.

Ainda, no que se refere aos acompanhamentos, eles também mostram as tradições etnoculturais: por exemplo, os nigerianos preferem acompanhar a *okra soup* com uma "massa", muito cozida, que é chamada de amalá. A "massa" pode ser feita de inhame, de farinha de mandioca ou mesmo de banana: estas são formas de se fazer as melhores interações de paladares com os sabores bem temperados da *okra soup*.

Não se deve confundir o amalá nigeriano com a nossa venerável interpretação afro-brasileira do amalá dedicado ao orixá Xangô.

É importante destacar que o uso do azeite de dendê na *okra soup* é eventual, pois o que predomina mesmo é o uso do óleo de girassol ou outro tipo de óleo vegetal. Já no caso afro-baiano, o uso do dendê é fundamental, tanto nas receitas do caruru quanto do amalá.

Numa leitura mais geral, pode-se dizer que o azeite de dendê assume uma marca ancestral do que é africano nas nossas cozinhas, tanto do cotidiano como das festas e nas tradições religiosas.

E, no caso do nosso caruru afro-baiano, o acompanhamento tradicional é o acaçá branco, insosso, feito de milho branco. Assim, pode-se relacioná-lo também com os acompanhamentos da *okra soup*: *yam, seme, amalá, fufu, ebá*.

Dessa maneira, através dos ingredientes, processos culinários, consistências e texturas das comidas, podem-se manifestar os encontros com as memórias que fazem parte da construção permanente das identidades daquilo que é africano nas nossas mesas.

EMU:
O VINHO DE PALMA

A seiva da palmeira é extraída da *Elaeis guineensis* cortando-se a inflorescência e coletando-se a seiva do pedúnculo lesionado, ou inserindo um tubo no ponto de crescimento da palmeira, no coração da coroa. A seiva/vinho do dendê são os exsudatos que fluem quando a palma é batida.

Os exsudatos (vinho de palma) da palma têm significados para a saúde. O vinho de palma é uma bebida doce e efervescente obtida a partir da seiva fermentada da palmeira tropical (*Elaeis guineensis*) e da palmeira ráfia (*Raphia* sp.).

Na área nativa da África Ocidental, e menos frequentemente onde foi introduzido, o vinho de palma é produzido a partir da seiva extraída das flores masculinas da *Elaeis guineensis* e um produto importante para uso, comércio e costumes locais. É uma importante fonte de vitaminas do complexo B e vale o dobro do valor do óleo para a população local de uma única árvore.

Na África Ocidental Equatorial, a seiva fresca era usada como laxante. A seiva tem papel medicinal na cura de malária, sarampo, icterícia e fluxo de leite materno em nutrizes.

UM CASO AFRO-BRASILEIRO

Além do uso frequente do azeite para frituras, molhos e outras funções gastronômicas, extrai-se do dendezeiro o vinho, comumente conhecido como **vinho de dendê** ou **vinho de palma**. Embora hoje distante da mesa afro-brasileira, este tipo de vinho era comercializado nos tabuleiros e bancas das vendedeiras de rua, sendo bebida muito apreciada com os quitutes generosos de dendê.

A Ialorixá Eugenia Anna dos Santos – "Aninha" –, do Axé Opô Afonjá, Salvador, por ocasião do 2º Congresso Afro-brasileiro, realizado em 1937, naquela cidade, contribuiu com um comunicado sobre a culinária desenvolvida no seu terreiro. Entre os muitos pratos e bebidas, destaca-se o "emún" – segundo a informante, "bebida africana feita com dendê". Porém, permanece a questão quanto ao "emún" ser o vinho de dendê ou uma variante deste.

Este vinho é também chamado de **malafu** ou **sura**, pelos congolenses, e no caso afro-brasileiro ganhou notoriedade como **marafo**, designando não apenas o vinho, mas a cachaça, o que reforça um uso masculino de bebidas fortes e por isso de significado viril.

Na umbanda tradicional, aquela mantida nas ocupações dos primeiros morros da cidade do Rio de Janeiro, o marafo é destinado aos Exus, sendo servida pura ou misturada com vinho de uva ou mesmo com o azeite de dendê.

O processo de extração do vinho de palma se dá por meio de uma incisão na parte superior do espique ou logo abaixo da inserção das espatas do dendezeiro. O vinho é branquicento, espumante e de gosto agridoce; fermentado por um dia, transforma-se em álcool etílico.

Hoje desaparecido dos rituais religiosos nos terreiros e das vendas de rua, o vinho de dendê é apenas uma lembrança, não mais ocupando um uso social. Os Candomblés e Xangôs restringem-se a algumas bebidas de função litúrgica como o aluá e a cachaça para os Exus, embora outras infusões sejam preparadas para funções específicas na iniciação e em outros momentos da vida dos terreiros.

UM ESTUDO DE CASO SOBRE O EMU NOS IGBO (NIGÉRIA)

Nascimento, casamento e enterro são considerados os três eventos familiares mais importantes na maioria das culturas, e Igboland não é uma exceção a isso.

O casamento em Igboland não é apenas um caso entre o futuro marido e a esposa, mas também envolve os pais, a família e as comunidades. Primeiro, o noivo pede sua potencial parceira em casamento. Supondo que a resposta seja afirmativa, o noivo visitará a residência da noiva acompanhado de seu pai. O pai do noivo se apresentará, e a seu filho, e explicará o propósito de sua visita. O pai da noiva recebe os convidados, convida sua filha para vir e pergunta se ela conhece o noivo. Sua confirmação mostra que ela concorda com a proposta. Em seguida, o acordo de preço da noiva (Ika-Akalika) começa com o noivo, acompanhado por seu pai e por anciãos, visitando o complexo da noiva em outra noite.

Eles trazem vinho e nozes de cola, e obis, que são presenteados ao pai da noiva. Depois de serem servidos com uma refeição, o preço da noiva será negociado entre os pais. Na maioria dos casos, há apenas um preço simbólico a ser pago pela noiva, mas além disso outros pré-requisitos: cabras, frangos e vinho de palma também estão listados. Normalmente leva mais de uma noite até que o preço final da noiva seja resolvido, oferecendo-se aos convidados de ambos os lados um banquete.

Em seguida, o pai da noiva enche um copo de madeira – Iko – com vinho de palma e passa para a noiva, enquanto o noivo encontra um lugar entre os convidados. É costume ela procurar o marido enquanto ele se distrai com os convidados. Só depois que ela encontra o noivo, oferece o copo para ele e ele bebe o vinho, o casal é oficialmente casado.

A celebração do nascimento é marcada no oitavo dia: a criança, somente masculina, está preparada para a circuncisão. No 28º dia, é realizada a cerimônia de nomeação, cada evento acompanhado de uma festa para os familiares, e com o oferecimento de vinho de palma.

A morte é um rito que marca a passagem da existência no mundo terreno para o mundo espiritual. A honra da morte varia de acordo com histórico, título, gênero, relação com a família e circunstâncias em torno da morte. Durante as cerimônias fúnebres, parentes e amigos do falecido participam de cerimônias com roupas tradicionais, máscaras, cantos e danças. Nesses rituais, o vinho de palma é oferecido, colocado no chão para os ancestrais e servido aos participantes.

O SOM DO DENDÊ

O dendê, além de ser visto, cheirado e ingerido, é lembrado, chamado, invocado pela palavra falada e pela palavra cantada. São momentos privados no interior dos templos, são momentos nos barracões, em especial para o orixá Ogum, quando o dendezeiro e suas propriedades são revelados na relação entre música vocal, música instrumental e dança; dança ritual e dramatizada.

O dendê acompanha palavras, gestos, posturas prescritas, segundo o motivo do ritual, o nível de conhecimento do praticante, encaminhando assim o significado do azeite de dendê, epô, ou de outros produtos oriundos do dendezeiro para os santos quentes, para manifestações de chamamento de ancestrais, de deuses-fundadores ou de ebós especiais, muito comuns no cotidiano das comunidades religiosas.

Ao pronunciar epô ou dendê, quem o faz impõe uma intenção, uma disposição anímica, um desejo realizado no som, no gesto, na ação corporal, na relação com o contexto do templo e com outras pessoas oficiantes da cerimônia.

A palavra é som, é escolha, e é proferida porque a palavra traz a imagem, sendo uma ideia projetada. Dendê na imagem e dendê no som.

No Candomblé, por exemplo, há permanente valoração litúrgica para a palavra, para o hálito, apoiando manifestações de sons vindos do corpo, o **paô** – bater palmas ritmicamente para realizar comunicação, de chamada, de cumprimento entre homens e deuses.

Usar **atarê**, pimenta-da-costa, serve para valorar a palavra, para implementar o som preparado, categorizar o hálito, qualificar a conversa com o deus, com o ancestral. Assim é também fortalecida a palavra "dendê", dando ao som "dendê" um caráter próprio, impregnado de significado, de conteúdo mágico, funcionalmente simbólico.

Falar "dendê", e ao mesmo tempo impregnar um **ferro de assentamento** com o azeite de dendê, é uma ação complexa e muito significativa. Sacralizar, ressacralizar os objetos de culto religioso, deixando as pátinas sacrificiais de dendê, sangue, sucos de folhas, entre outros, é manter a vida, o axé emanente de cada componente do todo sagrado. Tudo tem vida e nome próprio; instrumentos musicais, atabaques, por exemplo.

O couro é um elemento que requer grande preparação, de ordem artesanal e litúrgica. Vem, quase sempre, do sacrifício de gado caprino, raramente de gado bovino, imolado nos santuários, em honra aos deuses africanos, orixás, voduns e inquices. Após o ritual da matança, que é mister masculino, como a própria música religiosa, o couro do animal é retirado e posto a secar ao ar livre, disposto em armação de madeira improvisada, ou arranjado por pregos na parede externa de algumas das construções do terreiro, geralmente o peji (santuário privado).

Após um período de três ou quatro dias, parte do couro é colocada na boca superior do atabaque, com encordoamento preso ao aro de ferro que está no corpo do instrumento. Com o uso de uma faca, o instrumentista-artesão irá raspar os pelos do couro, já devidamente retesado, deixando mais liso o local da percussão, onde é comum a aplicação de porções de azeite de dendê. Se o atabaque for de Oxalá ou dedicado a este, não será empregado o dendê e sim outro tipo de óleo.

O couro untado ficará mais macio e resistente, segundo os instrumentistas. Ainda assim, o atabaque não está pronto para o desempenho das suas funções religiosas, pois terá início então a cerimônia de sacralizar o instrumento.

A cerimônia de dar de comer aos atabaques acontece no interior do terreiro de Candomblé, sendo prática assistida apenas pelos iniciados mais graduados, incluindo-se o grupo de instrumentistas.

Sobre esteiras, feitas de fibra natural trançada, são deitados os intrumentos, na ordem: *rum*, *rumpi* e *lé*; em seguida; diante do atabaque rum, o maior e, portanto, o mais importante do trio, uma quartinha contendo água lustral e um prato de louça com algum dinheiro são depositados. A cerimônia continua com o ato ritual de abrir um obi (*Cola acuminata*), fruto africano que é colocado naquele prato. O *axogum* (cargo masculino no terreiro e responsável pelos sacrifícios de animais) inicia a matança de um galo sobre os atabaques, seguindo-se o derramamento do sangue da ave pelos três instrumentos, do maior ao menor. Completando o ritual, o axogum irá enfeitar as bordas dos couros com algumas penas e borrifar azeite de dendê sobre os instrumentos.

O galo, então, é levado à cozinha para ser preparado, separando-se vísceras, cabeças e pés – partes-sagradas –, que serão cozidos separadamente da carne. Estas partes sagradas são colocadas em outro prato sobre a esteira onde se encontram os atabaques. A carne é dividida entre todos os participantes da cerimônia que compartilham o mesmo sacrifício, ligando assim os atabaques aos deuses e aos homens. É sem dúvida um ritual socializador.

Após um período de um a três dias, as oferendas são retiradas das esteiras e os atabaques são "levantados" em cerimônia que conclui a sacralização, e poderão, agora, cumprir suas funções de cunho público e privado no terreiro. Não podem ser percutidos imediatamente, pois terão de permanecer por alguns dias descansando, como num verdadeiro resguardo ritual. (LODY, 1989, p. 26-27)

Assim, a fala, o som, o processo de comunicação pela percussão sobre os couros, dá ao atabaque, em especial ao conjunto de três tipos – rum, rumpi e lé –, valores dos ritmos nascentes, qualidade dos couros e simbólica do dendê.

Nessa área musical, o dendê é também visto na manutenção funcional e mágico-simbólica do agogô ou gã, gonguê, cabaças ou afoxés, bombos ou zabumbas como os usuais nos maracatus de baque-virado ou de Xangô – maracatus urbanos e tradicionais do Recife.

O couro empregado nos bombos dos maracatus é proveniente de matanças em honra ao orixá Xangô. São instrumentos preparados e zelados como os atabaques do Candomblé. O dendê serve para manter a qualidade do couro, além de preservá-lo e uni-lo ao ideário sagrado dos orixás.

Os ilus, ou membrafones dos Xangôs de Pernambuco, recebem tratamentos semelhantes aos bombos, aos atabaques e a outros instrumentos de desempenho litúrgico nos terreiros ou em desfiles de rua – maracatu, afoxé, congadas, ticumbis, taieiras e blocos afros, entre outros.

Além da forte presença do dendezeiro na música sagrada dos terreiros, por exemplo, o dendezeiro faz parte de um processo ritual divinatório; onde os seus frutos, os ikins, são usados em vaticínios das tradições Fon-Yorubá.

A partir de entrevista com o Babalorixá Altair B. Oliveira (T'Ogún), foi feita a colheita de algumas cantigas rituais do Candomblé de Nação Ketu. O comportamento dessas cantigas em partituras serve como ilustração a demonstrar alguns aspectos de campos mais complexos da etnomusicologia.

Aproveito para agradecer o trabalho do Maestro Aloysio de Alencar Pinto e as preciosas informações de Altair, autor de *Cantando para os orixás* (OLIVEIRA, 1997).

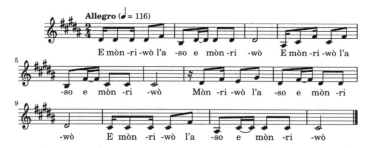

Cantiga de Ogum – 6
Tradução: O Senhor que tem roupas e se veste com folhas novas de palmeiras.
Fonte: *Cantando para os orixás* (OLIVEIRA, 1997, p. 31).

Cantiga de Ogum – 9
Tradução: Ogum, o Senhor que viaja coberto de folhas novas de palmeira. Ogum, o Senhor do akorô viaja coberto de folhas novas de palmeira. Ogum mata e pode matar no caminho. Ogum viaja coberto por folhas novas de palmeira, é o Senhor que toma banho de sangue.
Fonte: *Cantando para os orixás* (OLIVEIRA, 1997, p. 32).

Cantiga de Ogum – 32
Tradução: Ogum é o Senhor da forja [ferreiro] e caçador que se veste de folhas novas de palmeiras.
Fonte: *Cantando para os orixás* (OLIVEIRA, 1997, p. 39-40).

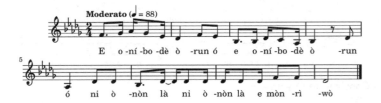

Cantiga de Ogum – 33
Tradução: Ele é o porteiro do céu, ele é o porteiro do céu. Ele quem abre os caminhos, ele abre a passagem, e ele se veste com folhas novas de palmeiras.
Fonte: *Cantando para os orixás* (OLIVEIRA, 1997, p. 40).

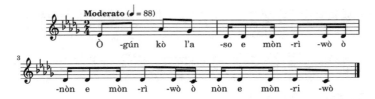

Cantiga de Ogum – 34
Tradução: Ogum não tem roupas, ele se veste de folhas novas, de palmeiras nos caminhos. Ogum não tem roupas. Ele se veste com folhas novas de palmeiras.
Fonte: *Cantando para os orixás* (OLIVEIRA, 1997, p. 40).

Cantiga de Oyá – 7
Tradução: Esta é uma pequena porção do culto, mas os olhos dos não iniciados nos mistérios do culto, não conhecem os segredos encobertos pelas folhas da palmeira.
Fonte: *Cantando para os orixás* (OLIVEIRA, 1997, p. 115-116).

Cantiga de Oxalá – 4
Tradução: Evite o azeite de dendê e pisar no alá.
Fonte: *Cantando para os orixás* (OLIVEIRA, 1997, p. 153).

Cantiga de Oxalá – 6
Tradução: A vasilha de azeite de dendê fresco, a vasilha de azeite de dendê fresco, pai. É a cabaça que está sobre o alá, não nos castigue, é aquela a vasilha de azeite de dendê fresco, pai.
Fonte: *Cantando para os orixás* (OLIVEIRA, 1997, p. 153).

GLOSSÁRIO

A

AFOXÉ – Instrumento idiofônico. Também chamado de cabaça, piano de cuia e agué, entre outros. É formado por uma cabaça e uma rede de algodão, contendo sementes, contas e búzios que fazem a percussão do instrumento. O afoxé compõe o conjunto musical do Candomblé e nomina um cortejo do período carnavalesco que também é chamado de Candomblé de rua.

AGOGÔ – Instrumento idiofônico feito com duas campânulas quase sempre em ferro. Compõe o conjunto instrumental do Candomblé com os atabaques, cabaça ou afoxé, adjá e outros.

ÁGUA DO COMÉ – Água lustral que se encontra no santuário. Casa das Minas, Mina-Jeje, São Luís do Maranhão.

AGUCHÓ – Palha residual do fruto do dendezeiro que serve para acender fogo.

AIÊ – Concepção de terra, local, localidade.

AJEUM – Alimento, alimentação, ritual de alimentação nos terreiros de Candomblé.

ALABÊ – O chefe dos tocadores de atabaques, o tocador do rum, de autoridade limitada às ocasiões em que os atabaques estão efetivamente em uso, tocando. É um tipo de Ogã dos Candomblés seguidores das Nações Ketu, amplo modelo Yorubá.

ALAFIM – Título do dirigente de Oyó. Xangô foi Alafim de Oyó, Nigéria, civilização Yorubá.

ALUÁ – Bebida artesanal. O aluá é feito de frutas diversas e integra o cardápio de terreiros de Candomblé, Xangô e Mina, entre outros.

ANGOLA-CONGO – Designação de uma Nação de Candomblé. A partir de semelhanças principalmente linguísticas, os modelos chamados Nações foram assim organizados: a Nação Angola-Congo reúne um ideário Banto; a Nação Ketu-Nagô reúne um ideário Yorubá.

ASSENTAMENTO – Morada, local de culto e veneração dos deuses africanos. São diferentes montagens, verdadeiras instalações que evidenciam em matérias, cores e elaborações estéticas os orixás, voduns, inkices, caboclos e ancestrais.

ASSOBÁ – Sacerdote que confecciona os implementos, ferramentas rituais de Omolu, Nanã e Oxumaré. É um sacerdote-artesão.

ASTRACÃ – Tipo de tecido que imita a pele de cordeiro.

ATARÊ – Pimenta-da-costa (*Xylopia aethiopica* [Dun.] A. Rich.). No seu âmbito ritual religioso, especialmente para o Candomblé e o Xangô, o uso da pimenta-da-costa parte de um desejo fundamental de ativar elementos diversos de um valor não menos geral que é o do axé – qualidade vivificante da natureza. A função da pimenta-da-costa na culinária dos terreiros qualifica categorias de deuses e dá aos alimentos sentido peculiar que vai além do desejo puro e simples de comer.

AVAMUNHA – Toque ou polirritmo que geralmente inicia as cerimônias públicas nos Candomblés.

AXÉ – Energia. Propriedade dinâmica para tudo que implementa a vida religiosa, especialmente do Candomblé. A palavra é amplamente empregada extramuros dos terreiros, significando um cumprimento, um voto, uma saudação, uma alusão aos motivos afro-brasileiros.

AXEXÊ – Ritual fúnebre. Cerimônias de duração variável, conforme a hierarquia do iniciado cujo falecimento é motivo desse processo de passagem ocorrente no Candomblé, com o nome Axexê para os Yorubás.

AXIS-MUNDI – Referencia os símbolos axiais que representam o eixo do mundo, tendo relações análogas com o próprio mundo.

AXOGUN – Cargo hierárquico masculino no Candomblé. É o sacrificador de animais, compondo o elenco de mando com outros Ogãs e dirigentes do terreiro.

AZÉ – Filá, capacete feito de palha da costa, apresentando búzios, miçangas nas cores branca, preta e vermelha, compondo o traje cerimonial do orixá Omolu.

B

BALUÊ – Construção provisória, peji temporário para os implementos de Oxalá por ocasião das cerimônias chamadas de Águas de Oxalá.

BAMBÁ – Resíduo do azeite de dendê com o qual se prepara uma farofa, farofa de bambá.

BARRACÃO – Geralmente a maior construção do terreiro de Candomblé. É o salão onde acontecem as festas públicas.

BEJERECUM – Pimenta-de-macaco (*Piper aduncum* L.).

BOMBO – Instrumento membrafone. Também genericamente chamado de caixa e, ainda, zabumba.

BRAVUM – Toque ou polirritmo característico da Nação Jeje, avoca o vodum Bessém, Dã, a Serpente Sagrada.

C

CABAÇA – (*Lagenaria siceraria* [Molina] Standl.) O fruto do cabaceiro, cabaça, tem muitos usos no mundo afro-brasileiro.

Funciona como recipiente, como peça na formação de montagens sagradas, compõe o berimbau de barriga.

CABOCLO – O caboclo, arquétipo da valentia e coragem, sobrevive na memória popular fixando os valores da nacionalidade e da defesa do patrimônio nativo. A concepção que predomina sobre o caboclo é o do gentio adaptado às realidades do branco, desempenhando atitudes coerentes com os dogmas da Igreja Católica. Isso não quer dizer que não existam os caboclos rebeldes, que fogem às normas comuns. No entanto, é desenvolvida a imagem do caboclo como o impetuoso, bravo e guerreiro. Os caboclos são geralmente tidos como Capangueiros e de Pena, formando a mitologia do Candomblé de Caboclo.

CAFUNÉ – Tipo de pisados para o preparo do azeite de dendê.

CANDOMBLÉ – Local de cerimônias religiosas afro-brasileiras seguidoras de modelos etnoculturais denominados Nações Ketu, Jeje, Angola, Congo, Ijexá e Caboclo, entre outras. Designa também um tipo ou um padrão de comportamento religioso voltado aos orixás, voduns, inkices, bacurus, caboclos. Religião popular brasileira que é seguida por milhares de adeptos.

CARREGO – Conjunto de objetos, de coisas; preparados que devem ser despachados, ou presenteados, ou ainda colocados em determinados locais conforme prescrições dos rituais religiosos. Carrego também designa obrigação herdada, ou cumprimento de práticas nos terreiros.

CASA DAS MINAS – Importante terreiro sediado em São Luís do Maranhão, sendo mantenedor de costumes religiosos do Benim, culto aos voduns e outras divindades. O terreiro é conhecido por Querenbentã de Zomadonu.

CATETÊ – Espuma ocorrente quando do fabrico artesanal do azeite de dendê.

CAURIS – São os búzios, visíveis no imaginário afro-brasileiro para diferentes usos e representações.

CONGADA – Auto e cortejo que trata da coroação dos reis do Congo, comportando embaixadas, músicas, danças e indumentárias especiais. Regionalmente, a Congada recebe caracterizações próprias e outros nomes como Banda de Congo, Reis de Congos, Ticumbi, Cacumbi e Congadeiros, em áreas que vão do Norte até o Sul do Brasil. A Congada é instituição vinculada às irmandades de homens pretos e pardos nas Igrejas de Nossa Senhora do Rosário, São Benedito, Santa Ifigênia e São Elesbão, entre outros.

D

DÃ – Serpente Sagrada para os Fon do Benim. É um vodum primordial nas relações homem, natureza, voduns e ancestrais.

DADA-HÔ-LUSSU – O vodum também chamado Dadarrô está no Mina-Jeje maranhense na Casa das Minas, sendo um membro da família de Davice. É um vodum velho a quem se atribui a criação dos toques dos atabaques. Representa o governo, é o professor dos homens de dinheiro. Foi casado com Naiadona, com quem teve filhos.

DAR DE COMER AOS ATABAQUES – Cerimônia de alimentação do trio de atabaques formado por rum, rumpi e lé. É prática de ressacralização por meio de frutos como o obi, azeite de dendê e sacrifício de animais, entre outros.

DONÉ – Cargo de mando na hierarquia feminina na Nação Jeje.

E

EBO-ETUTU – Ebó é um sacrifício. Para a ética religiosa Yorubá, existem diferentes ebós que representam e cumprem finalidades específicas, tais como: ebó-alafiá – sacrifício para a paz;

ebó-opé – sacrifício de agradecimento; e ebó-etutu – sacrifício propiciatório, entre outros.

EGUN – Osso, esqueleto – concepção do ancestral, para os Yorubás, geralmente visto em montagens de roupas e acessórios de impacto visual e plástica simbólica relacionada aos padrões de ética, moral e religião dos orixás.

EKÉDI – Cargo hierárquico feminino, espécie de auxiliar direta de orixás, voduns, inkices; a encarregada de cuidar dos participantes das danças e cantos rituais que venham a ser possuídos pelas deidades. É importante personagem no elenco de mando de um terreiro.

EMI-PADÊ – Pode ser entendido como o meu encontro ou com um sentido de autoencontro, um autoencontrar.

EPÔ – Azeite de dendê.

ERÊS – Espécies de divindades auxiliares do orixá, aparecendo como em estado infantil, transgredindo as regras formais e solenes dos deuses patronos. Geralmente confundidos com os Ibeji e respectivo sincretismo afro-católico.

EXU ELEPÔ – Exu dono do dendê.

EXU – O comunicador por excelência, orixá dos caminhos e aquele que fala todas as línguas. É elemento da dinâmica do axé dos orixás. Está no início de tudo no plano dos deuses e dos homens. Começa e abre todos os rituais do Candomblé. No processo colonial da Igreja, foi interpretado como o Diabo – isso por encarnar a rebeldia contra a opressão do Estado português. Exu assume a marca do libertador e da dignidade africana.

F

FÁ – Vodum dos preceitos adivinhatórios, dos vaticínios, senhor dos 16 olhos que se projetam ao futuro. Invocado no opelê, nos búzios e em outras práticas rituais afro-brasileiras.

FERRO DE ASSENTAMENTO – Objeto que simbolicamente contém referências formais do orixá, vodum ou inkice, sendo geralmente em ferro batido. Serve como componente do assentamento – local de veneração e culto religioso.

FILÁ – Ver azé.

FON – Grupo cultural que fala Ewe. Ocupa o território da República Popular do Benim, ex-Daomé, África Ocidental. Os Yorubás ocupam o Benim e a Nigéria. A mitologia Fon é nascente da união de Mawu e Lissa, origem dos voduns, deuses que ocupam todos os domínios do mundo como os orixás.

G

GÃ – Ver agogô.

GONGUÊ – Instrumento idiofone feito de uma única campânula de ferro e de ocorrência nos maracatus. O gonguê poderá ser pintado nas cores de cada grupo de maracatu – vermelho e branco no maracatu Elefante. Esse maracatu é dedicado ao orixá Xangô e é sediado na cidade do Recife, Pernambuco.

I

IABÁ – Mulher iniciada e que cuida da cozinha do terreiro. Designação abrangente para os orixás das águas ou ainda para orixás femininos.

IAÔ – Designação genérica no Candomblé dada aos noviços de ambos os sexos; iniciada, feita, pessoa que passou pelos rituais de feitura. É assim chamada na hierarquia do terreiro até que se cumpra a obrigação de sete anos.

IBÁ – Meia cabaça, tipo de cuia. Designação para assentamento de orixás. Coletivo de objetos sagrados ordenados e simbolicamente dispostos em diferentes materiais, texturas, cores, quantidades que são sacralizadas.

IBEJI – Ocupam a mitologia Yorubá como deuses gêmeos e protetores de famílias, geralmente crianças. Os Ibeji são lembranças das crianças que nasceram gêmeas e que, após a morte, continuam a ser alimentadas, vestidas e adornadas em culto doméstico. Evidentemente, o signo da fertilidade está presente no culto dos Ibeji, que também são procurados por mulheres estéreis, que buscam a fecundidade.

IBI – Toque, polirritmo peculiar de Oxalufã nos terreiros de Candomblé da Nação Nagô, Ketu e seguidores de um amplo modelo Yorubá.

IBIRI – Ferramenta ritual do orixá Nanã. Peça confeccionada com taliscas de dendezeiro e palha da costa, entre outros materiais.

IFÁ – Ver Fá. Relacionado ao mundo religioso dos Yorubás.

IKIN – Fruto do dendezeiro. É usual em processos de vaticínio para os Fon-Yorubás.

ILU – Instrumento membrafone. Pode ser de tripé e corpo cilíndrico formando o conjunto musical do Xangô no Nordeste. O ilu pode também ser de caixa de ressonância reciclada de uma barrica de madeira de encouramento duplo, e percutido com as mãos diretamente sobre os couros.

INÃ – Fogo.

INFUNDI – Tipo de pirão, funje.

INKICE – Divindade, categoria de ser divino; termo empregado nos Candomblés das Nações Angola e Angola-Congo.

IXÃ – Tipo de vara, bastão de mando usado nos rituais Egungum pelo Ojé, sacerdote especialmente preparado para cultuar os ancestais.

IXÉ – Mastro sagrado, coluna, poste que liga o céu e os deuses aos homens e ao local consagrado, aos cultos religiosos (terreiros). É um elo mágico, um símbolo fálico, uma relação de continuidade e de fertilidade. Tudo gira em torno do Ixé, o verdadeiro centro de atração onde todas as danças cerimoniais são realizadas em sentido de roda. Ali é o centro do espaço, o verdadeiro umbigo de um corpo, pois é através do Ixé que descem os orixás, onde os contatos com o axé comunal podem ser mantidos. É a memória original dos rituais agrícolas, da fecundidade, rituais de caça e rituais ligados aos fenômenos meteorológicos, entre outros.

IYEROSUM – Preparado em pó que é usado pelo Oluô sobre o Opon Ifá durante os processos de vaticínio com o Opelê e demais objetos sacralizados.

J

JUREMA – Vegetal comum e básico aos rituais de Jurema, de Catimbó e outros anexados ao Xangô realizado no Nordeste. Enquanto é conhecido também como angico-branco (*Chloroleucon tortum* [Mart.] Pittier). É arbusto sagrado que integra a fitolatria dos mestres e juremeiros nos muitos terreiros, sendo também o nome Jurema referente a um tipo de cabocla cultuada principalmente nos rituais de Umbanda. É também a Jurema uma bebida cerimonial nos Candomblés de Caboclo. Inclui-se na gastronomia dos caboclos.

K

KETU – Reino africano localizado entre o Benim e a Nigéria. O rei de Ketu ostenta o título de Alaketu. Tradicionalmente, o patrono dos terreiros de Candomblé da Nação Ketu no Brasil é o orixá Oxóssi, o caçador, o provedor, fundador de casas matrizes como Engenho Velho ou Casa Branca, o Iyá Nassô Oió Acalá Magbo Olodumaré, na cidade do Salvador, Bahia.

L

LAGUIDIBÁ – Rodelas de nozes de palmeiras ou chifre de búfalo. Material usado para enfiar colares, pulseiras, tornozeleiras, proteção para o corpo. Material e símbolo prerrogativos do orixá Omolu. Ocorrem outros tipos de laguidibá no amplo processo dinâmico africano e afro-brasileiro,

LÉ – Atabaque. É o menor do trio completado por rum e rumpi. Instrumento membrafone feito por diferentes tecnologias e tipos de caixa de ressonância. Integra a música religiosa do Candomblé e de outras modalidades afro-brasileiras.

LEGBA – Ver Exu. Legba para os Fon, é um importante vodum. No Brasil, o vodum está na mitologia Jeje, Nação Jeje, nos Candomblés da Bahia e em outras localidades do país.

LELECUM – Fruto usado como tempero na culinária afro-brasileira nos terreiros.

LEVANTAR OS ATABAQUES – Momento em que o trio de atabaques – rum, rumpi e lé – é levantado das esteiras após o ritual de alimentação, dar de comer aos atabaques.

M

MARACATU DE BAQUE VIRADO – Designação para maracatu africano e tradicional da cidade do Recife, Pernambuco. Apresenta cortejo real, calungas em madeira que representam os orixás Xangô, Oxum e Iansã, e tem forte ligação com o Xangô pernambucano.

MARACATU DE XANGÔ – Ver maracatu de baque virado.

MIÃ-MIÃ – Farofa de dendê.

MINA-JEJE – Segundo Ferretti (1983), "nome do grupo étnico fundador da Casa das Minas do Maranhão, procedente do sul do ex-Daomé, atual Benim". Casa das Minas, terreiro tradicional de São Luís e que tem como patrono o vodum Zomadonu, conhecido ainda como Babanatô para as "mineiras" do Jeje maranhense.

MINA-NAGÔ – Designação para outro modelo religioso importante do Maranhão. Refere-se também ao terreiro Mina-Nagô ou Casa de Nagô, em São Luís. O Mina-Nagô cultua os orixás e refere-se ao modelo Yorubá, contudo à moda afro-maranhense.

N

NAGÉ – Tipo de tigela em barro, sendo decorada por diferentes motivos. É usual nas casas, servindo nas cozinhas e nos terreiros de Candomblé, ora compondo assentamentos, ora de uso utilitário para alimentos. O nome Nagé vem de uma localidade ceramista no Recôncavo da Bahia.

NAGÔ – Procede de Anagô, nome dado pelos Fon aos que falavam Yorubá. No Brasil é uma designação geral para os Yorubás, como também para os adeptos e pertencentes, ao modelo Nação Ketu para os Candomblés. Nagô, no Brasil, designa Yorubá de diferentes cidades.

NANÃ – A mais velha iabá das águas: dona das chuvas, da lama e da morte. No processo sincrético afro-católico é relacionada com Sant'Ana.

NOVICHE – Segundo Ferretti (1983), significa "minha irmã", termo de tratamento usado entre Filhas de Santo. Noviche inclui-se no âmbito socioreligioso do Mina-Jeje do Maranhão.

O

OBÁ DE IFÉ – Título honorífico também conhecido como Oni Oba Ifé, Rei de Ifé, que, para o mundo Yorubá, é o centro da religião e da civilização dos orixás.

OBAOUMIM – Nome do terreiro Obá Ogunté Seita Africana Obaoumim, conhecido popularmente como o Sítio ou Terreiro do Pai Adão. É Xangô dos mais tradicionais de Pernambuco, seguindo a Nação Nagô na cidade do Recife.

OBI – (*Cola acuminata* Schott & Endl.) Fruto integrado à vida religiosa dos terreiros. É conhecido como obi banjá (nacional) e obi abatá (africano).

OBORÓ – Designação geral para os orixás de características masculinas.

ODUS – É orientação nos preceitos de Jogar Búzios e Opelê Ifá a partir de um elenco básico de 16 arquétipos (Olodu). No processo mais elaborado do Opelê Ifá, há possibilidades de 4.096 Odus, que são interpretados pelos Oluôs com características e histórias peculiares, compondo aspectos da vida de um indivíduo, de um grupo, de um terreiro, entre muitos outros.

OGÃ – Designação dada aos homens pertencentes ao grupo de cultos, encarregados de certas funções religiosas especiais, frequentemente honoríficas. Cargo de mando, compondo elenco de responsabilidade de um terreiro de Candomblé.

OGÓ – Ferramenta ritual de Exu, sendo originalmente um bastão em madeira faloforme. Constatam-se diferentes materiais na construção do Ogó, como couros, búzios e cabacinhas, entre outros. O tridente em ferro é um objeto que substitui funcionalmente o tradicional ogó de Exu ou o opá-ogó do orixá da comunicação.

OGUM – Orixá caçador e guerreiro. É o orixá patrono dos artesãos, especialmente dos ferreiros. O facão é o seu principal símbolo. Orixá das ruas, estradas, juntamente a Exu, domina os caminhos e também processos de comunicação pelos seus valores de desbravador e de patrono das batalhas.

OGUM XOROQUÊ – Ogum associado ao orixá Exu que, na linguagem do Povo do Santo do Candomblé, é um orixá que é Ogum e Exu, sendo originalmente cultuado nos terreiros da Nação Jeje.

OJÁS – Faixas de tecidos de diferentes texturas e cores que complementam indumentárias de orixás, vestem atabaques, árvores sagradas, adornam o barracão e compõem assentamentos, entre outros usos.

OJÉ – Sacerdote do culto Egungum.

OLORI – Cabeça (dono da cabeça.)

OLUÔ – Sacerdote de Ifá.

OMOLU – Orixá das transformações do homem e da natureza, por isso identificado com as doenças e as curas.

OPELÊ – Também chamado de Opelê Ifá, sendo o principal objeto do Oluô. É uma corrente contendo frutos, contas, búzios e demais complementos.

OPON IFÁ – Também chamado de bandeja do Ifá. É uma tábua de madeira ovalada, circular ou retangular cujas bordas recebem entalhes simbólicos referentes a Ifá, Exu e outros orixás. Sobre o Opon Ifá, são realizados os vaticínios.

ORI – Cabeça.

ORIKI – Reza. Texto sagrado que relata características e feitos dos orixás.

ORIXÁ – Categoria de divindades dos Yorubás, genericamente também dos Nagôs. São ligados à vida e à natureza. Ocupam diferentes patronatos, recebendo cultos específicos, coerentes com suas funções de mando e poder.

ORIXÁ FUNFUN – Orixá do pano branco, Oxalá, por exemplo.

ORUM – Concepção abrangente de céu. Contudo, não corresponde ao mesmo princípio dos católicos.

OTÁ – Pedra. Pedra especialmente escolhida para formar assentamento, local de culto religioso. Pedra sacralizada por diferentes rituais com sangue, dendê e suco de folhas, entre demais preparados.

OXAGUIÃ – Oxalá jovem e guerreiro. Ver Oxalá.

OXALÁ – Orixá'nla, Grande Orixá. Orixá da criação, das águas e da fertilidade do homem. Nome nacional para Obatalá. Ainda no Brasil, o orixá relaciona-se profundamente com Nosso Senhor do Bonfim, para os afrobaianos. O orixá inclui-se na categoria Funfun. Ver orixá funfun.

OXALUFÃ – Caracterização de Oxalá velho, que usa o pachorô e indumentária branca. Ver Oxalá.

OXUMARÉ – Orixá do Arco-Íris, representado por uma serpente que une o céu à terra. Oxumaré promove a fertilidade e o movimento do mundo, sendo o orixá da mobilidade, da água dos rios. Para os Fon, é conhecido como Dã e Bessém, entre outros nomes.

OYÓ – Como Ifé, Oyó é uma das mais importantes cidades da civilização Yorubá. Oyó fica na Nigéria, sendo a cidade do orixá Xangô, e teve sua fundação entre 1558 e 1400 A.E.C.

P

PACHORÔ – Tipo de cajado em metal prateado contendo diferentes símbolos referentes à trajetória de Oxalufã, segundo a civilização Yorubá.

PADÊ DE CUIA – Padê completo realizado nos terreiros de Candomblé Ketu. No processo ritual, utiliza-se uma cuia – daí o nome.

PAÔ – Forma de comunicação e cumprimento ritual do Candomblé por intermédio de um ritmo estabelecido que é feito no bater de palmas.

PEJI – Santuário, local de culto privado no Candomblé. Local sagrado e de fundamentação religiosa com a história do terreiro e de seus deuses patronos.

PEMBA – Preparado com diferentes ingredientes, funcionando para diferentes situações no terreiro e fora dele. A pemba é também um tipo de calcário usado para aqueles preparados e para riscar símbolos rituais.

PROVA DO ZÔ – Prova de coragem, confirmando o estado de santo do vodum.

Q

QUARTINHA – Utilitário de barro que serve para líquidos, geralmente água. Tem ocorrência nas casas e nos terreiros. A quartinha recebe em torno de 1/8 de litro (125 ml), podendo ser brunida e decorada com tauá e tabatinga, como acontece com as peças de Maragogipinho do Recôncavo da Bahia.

R

RUM – Atabaque. É o maior do trio completado por rumpi e lé. Instrumento membrafone feito por diferentes, tecnologias e tipos de caixas de ressonância. Integra a música religiosa do Candomblé e de outras modalidades afro-brasileiras.

RUMPI – Atabaque. É o tamanho médio do trio completado por rum e lé. Instrumento membrafone feito por diferentes tecnologias e tipos de caixa de ressonância. Integra a música religiosa do Candomblé e de outras modalidades afro-brasileiras.

RUNTÓ – O chefe dos tocadores de atabaques. É um cargo masculino do modelo dos Candomblés Jeje e Mina. É também o tocador dos runs – designação geral dos tambores no Mina-Jeje.

S

SANTO QUENTE – Entre outras características, é aquele que integra o azeite de dendê em sua liturgia no Candomblé.

SAPATA – Como os Fon chamam o vodum que é semelhante ao orixá Omolu dos Yorubás.

SEGUI – Tipo de conta cilíndrica de vidro, na cor azul-celeste. É uma conta que compõe fios de Oxalá, Xangô e outros orixás.

T

TAIEIRA – É manifestação essencialmente feminina relacionada ao ciclo devocional das Irmandades de Nossa Senhora do Rosário e São Benedito, mantendo vínculos históricos e éticos com Xangô, no caso o sergipano. Danças, cortejos e reminiscências de auto da coroação dos reis do Congo.

TALISCAS – Peça fina de madeira. Xaxará e ibiri são ferramentas rituais do Candomblé feitas com taliscas de dendezeiro.

TANGÔ – Referente à cor do dendê, cor de açafrão carregada, cor de dendê.

TICUMBI – Ver Congada.

V

VODUM – Divindade dos Fon, genericamente, Jeje no Brasil. Semelhante ao orixá Yorubá. Ocupam diferentes patronatos e têm cultos distintos na Bahia, no Maranhão e em outras localidades do país. O vodum ocupa um lugar de destaque para cada coisa do mundo, para cada elemento: Gu, para o ferro e a guerra; Aguê, para as folhas litúrgicas e medicinais, entre outros. Vodum é também uma categoria de divindade que se apresenta como serpente, Serpente Sagrada. Essas zoomorfizações reafirmam os princípios originais dos Fon. Assim, são chamados de Dã, Dagbé, Boa ou cobra.

X

XANGÔ – Deus guerreiro, herói dos Yorubás, quarto Alafin de Oyó. Senhor do fogo, das trovoadas, da justiça dos homens. Entre os Xangôs presentes nos Candomblés baianos, encontramos Ogodô, Jacutá, Aganju, Airá, Baru e Dadá. Xangô é reconhecido pelo seu oxé – machado duplo – e pelas cores votivas vermelha e branca. No Brasil, é orixá dos mais populares, nominando o modelo religioso afro-brasileiro em Pernambuco, Alagoas e Sergipe.

XAXARÁ – Ferramenta ritual do orixá Omolu, feita de taliscas de dendezeiro, búzios, renda, couro e outros materiais.

XICARINGOME – O chefe dos tocadores de atabaques, ingomes. Cargo masculino comum dos terreiros de Candomblé Angola e alguns Angola-Congo.

XOXÓ– Líquido retirado do coco do dendezeiro, de aparência esbranquiçada e de uso no Candomblé.

Y

YABASSÊ – Cozinheira encarregada da comida dos deuses. Grau hierárquico prerrogativo da mulher no terreiro de Candomblé.

YORUBÁ – Povo que ocupa o sudoeste da Nigéria, o sudeste e centro do Benim e o Togo, países que ocupam o Golfo de Benim, África Ocidental. Para o entendimento da civilização Yorubá, é preciso penetrar na organização social, que é estabelecida em cidades-estado, onde reis divinizados, heróis e mitos fundadores agem na ordem temporal, determinando hierarquias do poder político e religioso. A origem é Ifé, como se fosse o centro do mundo habitado. Os Yorubás se consideram filhos de Oduduá.

Z

ZABUMBA – Ver bombo.

ZAMADONE – Ver Zomadonu.

ZOMADONU – É o vodum principal da Casa das Minas em São Luís do Maranhão. Pertence à família de Davice, sendo filho de Acoicinacaba, e representa a memória do Mina-Jeje.

REFERÊNCIAS

BARRETO, Maria Amália Pereira. *Os voduns do Maranhão*. Rio de Janeiro: Olímpica, 1977.

BASCON, William. *Ifa divination*. London: Indiana University Press, 1969.

BEIER, Ulli (H. U., Horst Ulrich). Festival of Images. In: DIETERLEN, Germaine (ed.). *Textes sacrés d'Afrique noire*. Paris: Gallimard, 1965.

BEIER, Ulli (H. U., Horst Ulrich). *Yoruba myths*. Cambridge: Cambridge University Press, 1980.

CARNEIRO, Édison. *Ladinos e crioulos*. Rio de Janeiro: Vozes, 1976.

CASCUDO, Luís da Câmara. *História da alimentação no Brasil*. Belo Horizonte: Itatiaia; São Paulo: Edusp, 1983.

FERRETTI, Sérgio Figueiredo. *Querebentã de Zomadonu*: um estudo de antropologia da religião na Casa das Minas. Dissertação (mestrado) – Universidade Federal do Rio Grande do Norte, Natal, 1983.

KI-ZERBO, Joseph. *Histoire de l'Afrique noire*. Paris: Hatier, 1972.

LODY, Raul. *A roupa de baiana*. Salvador: Memorial das Baianas de Acarajé, 2003.

LODY, Raul. Acarajé: comida y patrimonio del pueblo brasileño: la patrimonialización del acarajé. In: ÁLVAREZ, M.; XAVIER MEDINA, F. (org.). *Identidades en el plato*: el patrimonio cultural alimentario entre Europa y America. Barcelona: Icaria, 2008a.

LODY, Raul. *Antônio, um santo português*. Disponível em: <https://brasilbomdeboca.com.br/antonio-um-santo-do-mundo-portugues/>. Acesso em: 20 ago. 2022a.

LODY, Raul. Apresentação. In: REGO, Antonio José de Souza. *Dicionário do doceiro brasileiro*. Organização de Raul Lody. São Paulo: Senac São Paulo, 2009a.

LODY, Raul. Argumento, pesquisa e roteiro. In: *Axé do acarajé*. Direção: Pola Ribeiro. Promoção: Museu da Gastronomia Baiana, Senac Bahia. Documentário, 51 mim. Apoio: Fundação Palmares, CNCP/Iphan, 2006.

LODY, Raul. *Bahia bem temperada*: cultura gastronômica e receitas tradicionais. São Paulo: Senac São Paulo, 2013.

LODY, Raul. Bahia boa de comer: do carimã ao dendê. In: LODY, Raul (org.). *À mesa com Carybé*: o encantamento dos sabores e das cores da Bahia. Rio de Janeiro: Senac Nacional, 2007a.

LODY, Raul. *Brasil bom de boca*: temas da antropologia da alimentação. São Paulo: Senac, 2008b.

LODY, Raul. *Caminhos do açúcar*: ecologia, gastronomia, moda, religiosidade e roteiros turísticos a partir de Gilberto Freyre. Rio de Janeiro: Topbooks, 2011a.

LODY, Raul. *Coco:* comida, cultura e patrimônio. São Paulo: Senac São Paulo, 2011b.

LODY, Raul. Cozinha brasileira: uma aventura de 500 anos. In: *Formação da culinária brasileira*. Rio de Janeiro: Sistema CNC, Sesc, Senac, 2000.

LODY, Raul. Cozinha plural. In: PEREIRA, Marcos da Veiga (org.). *A culinária baiana no restaurante do Senac Pelourinho*. Rio de Janeiro: Salamandra, 1996. (Ed. port.-ingl. e port.-fr.)

LODY, Raul. Dendê: bom de comer, de ver e de significar a matriz africana no Brasil. In: LODY, Raul (org.). *Dendê*: símbolo e sabor da Bahia. São Paulo: Senac São Paulo, 2009b.

LODY, Raul. *Espaço, orixá, sociedade*: um ensaio da antropologia visual. Rio de Janeiro: R. Lody, 1984.

LODY, Raul. *Fúrá da Nigéria e o mingau de beber da Bahia.* Disponível em: <https://brasilbomdeboca.com.br/fura-da-nigeria-e-o-mingau-de-beber-da-bahia/>. Acesso em: 20 ago. 2022b.

LODY, Raul. *Museu da Gastronomia Baiana* (catálogo). Salvador: Senac Bahia, 2007b. (Ed. port./ingl./esp.)

LODY, Raul. *O dendê e a comida de santo.* Recife: Instituto Joaquim Nabuco de Pesquisas Sociais, Centro de Estudos Folclóricos, 1977a. (Folclore, 43.)

LODY, Raul. *O povo do santo:* religião, história e cultura dos orixás, voduns, inquices e caboclos. Rio de Janeiro: Pallas, 1995.

LODY, Raul. O rei come quiabo e a rainha come fogo. In: MOURA, Carlos E. M. de (org.). *Leopardo dos olhos de fogo.* São Paulo: Ateliê, 1998.

LODY, Raul. Presencia de Africa em la gastronomía de Bahía. In: CONACULTA. Congreso sobre Patrimonio Gastronómico y Turismo Cultural em América Latina y el Caribe, 1, Puebla (México), 1999. *Cuadernos del Patrimonio Cultural y Turismo,* v. 1. Ciudad de Mexico: CONACULTA, 2002.

LODY, Raul. *Samba de caboclo.* Rio de Janeiro: MEC, Campanha de Defesa do Folclore Brasileiro, 1977b. (Cadernos de Folclore, v. 17.)

LODY, Raul. *Santo também come:* estudo sócio-cultural da alimentação em terreiros. Rio de Janeiro: Artenova, Recife: Instituto Joaquim Nabuco de Pesquisas Sociais, 1979.

LODY, Raul. *Tem dendê, tem axé:* etnografia do dendezeiro. Rio de Janeiro: Pallas, 1992.

LODY, Raul. *Vocabulário do açúcar:* histórias, cultura e gastronomia da cana sacarina no Brasil. São Paulo: Senac São Paulo, 2011c.

MAIA, Antonio da Silva. *Dicionário complementar português-kimbundu-kikongo.* Angola: Tipografia das Missões Cucujães,1961.

MORTON-WILLIAMS, Peter. *The Oyo yoruba and the Atlantic slave trade – 1670-1830.* Washington D.C.: Smithsonian Libraries, 1964.

OLIVEIRA, Altair B. de. *Cantando para os orixás*, 2. ed. Rio de Janeiro: Pallas, 1997.

PEIXOTO, Afrânio. *Breviário da Bahia*. Rio de Janeiro: MEC, Conselho Federal de Cultura, 1980.

QUERINO, Manuel. *Costumes africanos no Brasil*. Rio de Janeiro: Civilização Brasileira, 1938.

SANTOS, Eugenia Anna dos. Nota sobre comestíveis africanos: 25 receitas sobre culinária ritual. In: CARNEIRO, Edison. *O negro no Brasil*. Rio de Janeiro: Civilização Brasileira, 1940.

SANTOS, Juana Elbein dos. *Os nagôs e a morte*. Petrópolis: Vozes, 1976.

fontes *ITC Stone Serif STD, Avenir e Aclonica*
papel *offset 75g/m²*
impressão *Gráfica Reproset, janeiro de 2024*
2ª edição